BRANDING with AI

브랜딩 위드 AI

AI 시대, 브랜드가 살아남는 법에 관한 질문들

최현희 지음

헤이북스

프롤로그

AI 시대,

브랜드는 어떻게 감정을 설계할 것인가?

브랜드를 말할 때 우리는 여전히 로고와 슬로건, 제품의 기능과 가격을 먼저 떠올리곤 한다. 그러나 브랜드의 본질은 언제나 그 너머에 있다. 시대는 달라졌다. AI의 등장은 이 오래된 상식을 근본부터 흔든다. 한때 기업이 메시지를 통제하고, 소비자는 그것을 수동적으로 받아들이던 시대가 있었다. 이제는 AI가 고객의 감정을 감지하고, 경험을 실시간으로 조율하며, 데이터와 감정을 순환시킨다. 브랜드는 기업의 의도가 아니라 소비자와의 살아 있는 관계로 진화한다. 브랜드는 더 이상 단순한 상징이나 광고의 언어가 아니라 소비자의 마음속에 각인된 기억과 감정의 집합체로 존재한다. 그것은 감정의 파편, 기억 속에서 되살아나는 조용한 잔향이다.

"AI 시대에 브랜드는 어떤 변화와 마주할까? 브랜드가 살아남는 법은 무엇일까?"

이 책은 단순한 AI 기술 매뉴얼이나 마케팅 도구의 나열이 아니다. 브랜드의 본질을 다시 정의하고, 감정과 경험 중심의 새로운 패러다임의 기회를 발견하려는 전략서다.

AI는 우리 일상의 숨결이 되었다. AI는 인간의 목소리를 흉내 내고, 감정을 읽어내며, 기억을 데이터로 환원한다. 브랜드는 더 이상 기업의 의지대로만 빚어지는 상징이 아니다. 그것은 살아 있는 생명체처럼 소비자와 함께 숨 쉬고, 관계 맺고, 진화한다. 이 책은 바로 그 변화를 기록한 흔적이다. 지금 우리는 브랜드의 언어가 기능과 통제에서 벗어나 감정과 신뢰, 기억과 관계로 확장되어 가는 긴 여정의 길목에 있다.

수많은 기업의 전략, 도시와 공간의 변화를 지켜보며 브랜드는 단순한 마케팅 도구가 아니라 인간과 인간을 잇는 감정의 언어라는 것을 이 책에 담았다. 브랜드의 본질을 '감정과 기억의 집합'으로 새롭게 정의하려는 시도다.

또 하나는 'AI-인식 브랜드 순환(AI-Aware Brand Loop)'이라는 순환 구조다. 브랜드의 의도가 감정을 불러일으키고, 감정이 데이터로 기록되며, 다시 경험으로 되돌아와 브랜드를 재구성하는 순환의 원리를 다뤘다.

마지막으로, 브랜드를 하나의 운영체계(Brand OS)로 바라보는 관점을 소개한다. 브랜드의 말투, 감정적 일관성, 위기 대응 방식까지 프로그램 작동이 가능한 질서 속에서 구현되는 새로운 패러다임이다. 이 모든 과정을 연구자의 언어로, 동시에 여행자의 눈길로 써 내려가고자 했다.

책 본문의 중요한 포인트는 다음 여섯 가지로 정리할 수 있다.

첫째, 'AI 이전 시대, 브랜드와 소비자의 관계'다. 브랜드가 기억과 감정의 집합임을 밝히며, 소비자가 정보의 수용자에서 감정의 창조자로 변해온 궤적을 더듬는다. 기업 중심의 통제 전략이 무너지고, 관계와 경험 중심의 시대가 열리는 과정에 대한 서술이다.

둘째, 'AI 시대, 브랜드의 본질적 변화'다. AI가 브랜드를 고정된 이미지에서 유기적 생명체로 재탄생시키는 순간을 탐구한다. 실시간 감정 감지, 감정 컴퓨팅, 경험 조율 등 새로운 기술이 어떻게 인간의 마음을 읽고 반영하는지를 살펴보았다.

셋째, 'AI 기반 브랜드 전략 설계'다. AI가 브랜드 전략가로 등장하는 시대. AI-Aware Brand Loop와 Brand OS라는 두 개의 혁신적 구조를 통해 브랜드가 데이터와 감정을 순환시키며 살아 있는 존재로 거듭나는 방법을 설명한다.

넷째, 'AI와 브랜드 인터렉션interaction의 미래'다. AI가 설계한 인터랙션 속에서 브랜드는 더 이상 광고가 아닌 감정적 경험으로 다가온다. 하이퍼퍼스널라이제이션과 대화형 AI가 만들어낼 친밀한 관계의 미래를 그린다.

다섯째, '공간·도시·예술로 확장된 감정 설계'다. 브랜드 전략은 기업의 울타리를 넘어 도시와 공간, 예술로 확장된다. 도시가 하나의 브랜드처럼 감정을 말하고, 예술이 브랜드처럼 기억을 남기는 새로운 패러다임을 탐험한다.

여섯째, '윤리와 신뢰'다. AI 시대 브랜드의 최종적 과제는 신뢰다. '브랜드가 감정을 존중하는 윤리적 설계자로 남을 수 있는가?' 이 질문은 책의 마지막에 정리한다.

브랜드는 더 이상 기업이 정한 언어가 아니다. 그것은 인간의 마음에 남는 기억이며, 함께 나눈 경험의 울림이다. AI는 이제 이 기억과 감정을 실시간으로 읽어내고 데이터와 결합해 끊임없이 순환시킨다.

그렇다고 두려워할 필요는 없다. 오히려 브랜드는 지금 기술이 아닌 감정, 통제가 아닌 관계, 계산이 아닌 신뢰로 중심축이 이동하며 과거 어느 때보다도 인간다움에 더 가까워질 수 있는 기회 앞에 서 있다. 이 책은 바로 그 여정의 기록이자, 앞으로의 길을 묻는 질문이다. 'AI 시대, 브랜드는 어떻게 감정을 설계할 것인가?' 이 물음 앞에서, 이 책을 읽는 독자들께 답을 찾는 동행자가 되기를 바란다.

2025년 무더운 여름을 지나며
최현희

차 례

프롤로그 ― AI 시대, 브랜드는 어떻게 감정을 설계할 것인가?　004

1　AI 이전 시대, 브랜드와 소비자의 관계

브랜드, 본질은 무엇인가?　012
브랜드 전략, 전통적인 방식은?　019
소비자, 어떻게 변해왔는가?　025
과거 방식, 한계에 다다른 이유는?　031
브랜드, 왜 다시 이야기해야 하는가?　036

2　AI 시대, 브랜드의 본질적 변화

브랜드 정체성, AI는 어떻게 재정의하는가?　062
기억과 감정, 데이터로 측정할 수 있는가?　066
브랜드 경험, AI는 어디까지 바꿀 수 있을까?　071
감정 중심 마케팅, AI가 더 잘할 수 있을까?　077
브랜드, 더 이상 우리 뜻대로 될 수 없는가?　083
관계와 감정, AI가 설계하면 어떻게 다를까?　089
기술, 브랜드의 본질까지 삼킬 것인가?　094
감정 컴퓨팅, 브랜드에 감정을 불어넣을 수 있을까?　102
실시간 해석, 브랜드는 고객을 얼마나 빠르게 이해할 수 있을까?　111
브랜드 윤리, AI 시대에 어디까지 지킬 수 있을까?　123

3 AI 기반 브랜드 전략의 설계

AI, 브랜드 전략가가 된다면? … 130
브랜드의 존재 이유, AI는 어떻게 해석할까? … 135
AI-인식 브랜드 순환, 이 구조가 작동한다면? … 154
브랜드 정체성, AI로 지킬 수 있을까? … 160
프로그래머블 인터페이스, 브랜드의 새 얼굴이 될까? … 166
감정 설계, 데이터로 어디까지 접근할 수 있을까? … 174
브랜드 전략, AI 시대의 새로운 원칙은 무엇일까? … 180
브랜드 철학, API로 구현하면 무엇이 달라질까? … 190
AI와 윤리, 브랜드는 어디까지 책임질 수 있을까? … 196
우리 브랜드, AI 시대에 살아남을 수 있을까? … 202

4 AI와 브랜드의 미래

AI가 만든 인터랙션, 고객은 어떻게 느낄까? … 210
브랜드의 말투, 알고리즘이 정한다면? … 214
고객 경험, AI가 설계하면 무엇이 달라질까? … 218
오프라인과 온라인, AI는 어떻게 연결할까? … 223
고객 행동, AI가 예측하면 마케팅은 어떻게 달라질까? … 228
브랜드 해석, AI에게 맡겨도 괜찮을까? … 234
실시간 피드백, 브랜드는 어떻게 반응해야 할까? … 239
AI 에이전트와 브랜드 OS, 브랜드의 미래가 될 수 있을까? … 244
브랜드 전략의 딜레마, AI는 어떻게 풀까? … 250
브랜드와 고객의 관계, AI 시대는 어떻게 진화할까? … 256

참고 문헌 … 292
주석 … 295

1

AI 이전 시대, 브랜드와 소비자의 관계

브랜드,
본질은
무엇인가?

기억과 감정의
집합

'좋아하는 브랜드가 있나요?' 이 질문을 받으면 사람들은 대개 자신이 평소 사용하는 제품이나 자주 찾는 서비스의 이름을 떠올린다. 애플, 스타벅스, 나이키, 루이비통, 현대카드 혹은 동네 빵집처럼 소박하지만 마음에 남은 친숙한 브랜드들 말이다. 하지만 정작 '왜 그 브랜드를 좋아하나요?' 하고 묻는다면 대답은 달라진다. '느낌이 좋아요', '왠지 나랑 잘 맞는 것 같아요', '익숙해서 믿음이 가요', '브랜드 자체가 내 취향이에요'처럼 사람들은 브랜드를 설명할 때 기능, 성능, 가격보다 먼저 감정, 인상, 기억 같은 정서적 요소를 떠올린다. 브랜드는 단순한 제품이나 기업명

이 아니라 사람들의 마음속에 남아 있는 감정의 흔적, 다시 말해 기억의 지형으로 존재한다.

세계적인 브랜드 전략가 데이비드 아커David A. Aaker는 브랜드를 소비자의 마음속에 형성된 약속이자 기억의 총합이라 정의하며, 물리적 대상이 아니라 감정의 지형으로서 브랜드를 설명한다.1)

즉, 브랜드는 물리적 실체가 아니라 고객의 머릿속에 남은 감정, 경험, 신뢰의 집합이다. 브랜드는 로고도, 슬로건도, 제품의 패키징도 아니다. 그 모든 것은 브랜드를 인식하게 만드는 '입구'일 뿐, 브랜드의 본질은 그 브랜드와의 상호작용을 통해 축적된 감정, 경험, 신뢰의 흔적이다. 결국 브랜드는 하나의 '기억된 경험Memorable Experience'으로 존재한다.

하버드 비즈니스스쿨의 제럴드 잘트만Gerald Zaltman 교수는 "소비자의 95%가 무의식적이고 감정적인 동기로 브랜드를 선택한다."라고 말한다.2)

사람은 정보를 잊지만, 감정은 오래 기억한다. 대니얼 카너먼Daniel Kahneman은 저서 《Thinking, Fast and Slow(생각에 관한 생각)》에서 이를 이렇게 표현한다.

"우리는 어떤 정보를 들었는지보다 그것을 들었을 때 어떻게 느꼈는지를 더 오래 기억한다."

이 두 통찰은 브랜드 전략에서도 예외가 아니다. 사람은 브랜드를 이성적으로 판단하기 이전에 감정적으로 반응한다. 브랜드는 '이 제품이 좋아 보인다'가 아니라 '이 브랜드는 나를 이해해줘',

'이 브랜드는 내 감성을 존중해', '이 브랜드는 나와 닮았어'처럼 그 감정적 연결이 형성될 때 비로소 소비자와 관계를 맺게 된다.

좋은 브랜드는 단순히 제품이나 서비스를 넘어서 '나를 이해해주는 친구', '내 정체성을 표현해주는 도구', '내 삶의 일부'처럼 느껴지게 한다. 이런 브랜드는 기능적인 만족을 넘어서 정서적인 애착으로 진화한다. 애플은 단순히 전자기기를 만드는 브랜드가 아니다. '혁신, 프리미엄, 디자인, 자기표현, 크리에이티브' 같은 단어들이 함께 따라온다. 그 모든 이미지는 우리가 애플을 사용할 때 겪었던 감정들—아이폰을 처음 손에 쥐던 순간의 놀라움, 매장 직원의 세심한 응대, 스티브 잡스의 프레젠테이션 영상에서 느낀 감동 등—이 기억에 각인되며 만들어진 것이다. 브랜드는 어떻게 보이는가가 아니라 어떻게 기억되는가의 문제다.

정리해보면, 브랜드는 로고나 마케팅 슬로건이 아니라 사람의 머릿속에 남아 있는 정서적 기억이다. 그 기억은 여러 접점의 감정적 경험을 통해 축적되며, 브랜드에 대한 인식과 행동을 형성한다. 디지털 기술은 브랜드를 더 빠르고 넓게 퍼뜨릴 수 있게 해주었지만, 브랜드가 사람의 마음속에 오래 남는 길은 여전히 '감정'이라는 좁고 깊은 골목길을 지나야 한다.

브랜드 경험의 여정

한때 브랜드는 매장에서 혹은 광고에서만 만날 수 있는 존재였다. 불과 10~15년 전만 해도 브랜드 경험은 매우 제한된 형태를 띠었다. 매장에 들어서서 판매 직원과 몇 마디 대화를 나누고, 제품을 고르고, 계산하는 과정 속에서 브랜드와 상호작용했다. 혹은 TV 광고나 잡지 지면을 통해 브랜드의 메시지를 일방적으로 받아들이곤 했다. 이처럼 과거의 브랜드 경험은 물리적 접점에 의존한 단선형 이벤트에 가까웠다.

지금은 전혀 다른 방식으로 전개된다. 오늘날의 브랜드는 온라인과 오프라인, 인간과 알고리즘, 의도적인 접촉과 우연한 노출 사이에서 유기적으로 작동한다. 디지털 광고, 개인화된 이메일, 앱 푸시, 챗봇, 소셜미디어 댓글, 추천 시스템, 가상현실 체험, 라이브 커머스 방송 등 우리가 브랜드를 경험하는 접점은 폭발적으로 증가했고, 그 모든 순간은 연결되어 하나의 여정이 됐다.

이러한 변화는 브랜드가 단순히 '무엇을 말하느냐'보다 '어디에서, 어떻게 감정을 유도하느냐'를 고민하게 만들었다. 예를 들어, 현대카드는 '슈퍼콘서트', '뮤직라이브러리', '디자인라이브러리', '레드바RED BAR' 등 독립적인 공간과 콘텐츠를 활용해 브랜드를 경험하는 방식을 재정의해왔다. 이들은 단순한 스폰서십이 아니라 현대카드가 지향하는 철학과 미감이 응축된 '브랜드 세계관의 실재 공간화'다. 고객은 그 안에서 카드 서비스에 대해 설명을 받지 않지만, 현대카드가 말하고자 하는 정체성과 문화적 감도를 직관적으로 경험하게 된다.

마찬가지로, LG전자는 최근 프리즈 아트 페어Frieze Art fair 서울 공식 스폰서십을 통해 '기술과 예술의 접점에서 감동을 제안하는 브랜드'로서의 정체성을 강화하고 있다. 하이엔드 TV와 디지털 아트의 조합, 전시 공간과 제품 간의 미적 통합은 브랜드가 '예술을 통해 감정을 해석하는 방식'을 어떻게 기술로 구현할 수 있는지를 보여주는 사례다. 이처럼 브랜드는 점점 더 공간을 설계하고, 시간을 큐레이션하며, 고객의 감정선을 따라 이야기를 직조하는 '경험 설계자Experience Architect'로 진화하고 있다.

결론적으로, 브랜드는 더 이상 '보여주는 존재'가 아니라 '함께 머무는 기억'이 되어야 한다. 과거처럼 단순한 메시지 전달이 아닌, 감정의 흐름과 의미의 밀도를 설계하는 것이 AI(인공지능) artificial intelligence 시대 브랜드 경험 전략의 핵심이다.

브랜드 경험은 이제 단순한 접점touchpoint이 아니라 전체적인 여정으로 이해된다. 우리는 '여정 속의 소비자'가 됐다. 고객은 브랜드를 처음 인지하는 순간부터 검색, 비교, 구매, 사용, 공유, 재방문에 이르기까지 끊임없이 브랜드와 상호작용하며 감정을 축적해 나간다. 이러한 흐름을 설명하는 개념이 바로 CXJ(고객 경험 여정)Customer Experience Journey이다. 브랜드는 더 이상 하나의 메시지를 던지는 방식으로 소비자를 설득하지 않는다. 대신 고객의 삶속으로 깊이 들어가 수많은 '작은 상호작용'을 통해 브랜드에 대한 기억을 천천히, 그러나 깊이 각인시켜간다.

오늘날 고객이 경험하는 브랜드는 더 이상 모든 이에게 동일하지 않다. 넷플릭스의 추천 영화, 카카오뱅크의 알림 메시지, 아마존의 상품 큐레이션을 보면 브랜드는 고객의 행동 데이터를 바탕으로 각자의 삶에 맞춰 다른 방식으로 다가간다. 이러한 방식은 브랜드가 말을 거는 방법이 점차 인간적이고 개별화된 것으로 진화하고 있음을 보여준다.

AI 챗봇은 고객과의 대화를 기다리지 않는다. SNS 계정은 잠들지 않으며, 앱 알림은 정해진 타이밍에 정확하게 도착한다. 브랜드는 이제 하루 24시간 작동하는 존재가 되었으며, 언제든지 고객의 질문에 응답하고, 감정을 어루만지며 필요를 예측하는 디지털 존재로 기능한다.

기술이 아무리 정교해지더라도 고객은 기술 자체를 기억하지 않는다. 대신에 그 기술이 만들어낸 경험의 질, 감정의 흔적, 정서적 연결을 기억한다. '그 브랜드 참 똑똑하네'가 아니라 '그 브랜드는 나를 배려하네'라고 느끼게 만드는 것이 중요하다. 결국, 기술은 브랜드의 본질을 대체하지 못한다. 기술은 브랜드가 감정을 전달하고, 관계를 만들고, 기억에 남을 수 있도록 돕는 도구에 지나지 않는다.

브랜드 경험의 미래는 '기억 설계'에 달려 있다. 브랜드는 기억의 힘으로 존재한다. 기술은 그 기억을 형성하기 위한 촉매이며, 감정은 그 기억을 인식하고 지속하게 만드는 열쇠다. 오늘날의 브랜드 전략은 점점 더 기술을 활용한 경험 설계로 이동하고 있다. 하지만 진정으로 성공적인 브랜드는 단 하나의 질문에 대한 답을 끊임없이 찾는다. 바로, '고객이 나를 어떻게 기억할 것인가?'이다.

디지털 전환 이전의 브랜드 경험은 비교적 단순한 선형 구조였다. 광고를 보고, 매장에 방문하여 제품을 체험하고, 구매하는 과정으로 끝났다. 그러나 오늘날의 브랜드 경험은 훨씬 더 복잡하고 입체적이다. 소비자는 온라인과 오프라인, 사람과 AI, 리뷰와 추천 등 수많은 접점을 오가며 브랜드를 경험한다.

　MIT 슬론 경영대학원의 캐서린 터커Catherine Tucker 교수는 "AI와 데이터 기반의 개인화 추천이 브랜드와 소비자 사이의 접점을 더 감정적으로 만들었다."라고 평가한다.[3)]

　예를 들어, 넷플릭스의 추천 알고리즘은 '기술' 이상의 경험을 제공한다. 고객은 '이 브랜드는 나의 취향을 이해한다'는 감정을 통해 넷플릭스를 신뢰하게 된다.

브랜드 전략,
전통적인 방식은?

통제 중심 마케팅:
일방적 메시지와 스토리텔링

오래전까지 브랜드는 기업의 전유물이었다. 브랜드 로고, 슬로건, 매장 인테리어, 광고 문구 등은 모두 브랜드 관리자에 의해 철저하게 설계되었고, 기업은 일관된 메시지를 유지하기 위해 방대한 브랜드 매뉴얼을 제작하여 브랜드 경험을 '통제'하고자 했다.

브랜드의 정체성은 기업이 '정의'하고, 소비자는 그것을 '수용'하는 방식으로 작동했다. 브랜드는 마치 자신만의 이야기를 세상에 담아 전하려는 하나의 '배우'와 같았다. TV 광고, 신문 지면, 대형 옥외 간판 등 매스미디어가 전성기를 누리던 시절, 이 모든 채널은 브랜드가 자신이 가진 철학과 가치를 소비자에게 널리 알리는 중요한 무대였다.

'우리 브랜드는 이런 가치를 믿습니다', '이 제품은 당신의 일상을 더 나아지게 할 것입니다'라는 메시지는 단순한 판매 구호가 아니라 브랜드가 지향하는 라이프스타일과 철학을 담은 선언이었다.

광고 모델의 환한 미소, 정교하게 구성된 장면, 완성도 높은 카피 문구…. 이 모든 요소들은 브랜드가 소비자에게 전하고자 하는 감정적 가치와 이상을 시각적으로 풀어낸 결과물이었다. AI 시대 이전 시절의 마케팅은 지금처럼 다층적인 피드백과 참여가 즉각적으로 일어나지 않았기에, 브랜드는 비교적 안정적으로 자신만의 메시지를 설계하고 유지할 수 있었다. '통제'라는 표현은 다소 단호하게 들릴 수 있지만, 브랜드 전략은 본질적으로 자신만의 스토리를 선명하게 만들어 전달하려는 시도였다.

물론 이 과정에서 소비자는 '정보의 수용자'로 상정되었고, 브랜드가 전하는 가치와 이미지를 그대로 받아들이는 구조였다. 그러나 디지털 미디어와 소셜 플랫폼의 등장 이후 이러한 브랜드 구축 방식은 결정적인 전환점을 맞이하게 되었다.

브랜드는 더 이상 기업이 일방적으로 통제할 수 있는 대상이 아니다. 유튜브 리뷰, 인스타그램 스토리, 틱톡 패러디, 팬 커뮤니티의 밈 콘텐츠 등 소비자들이 자발적으로 만들어내는 수많은 기억의 조각들이 브랜드의 실체를 구성하고 있기 때문이다.

고전적 충성도 프로그램과 ROI 중심 KPI

브랜드는 단순히 제품 판매에 그치지 않고, 소비자와의 장기적 관계를 구축하기 위해 다양한 충성도 프로그램을 도입했다. 포인트 적립, 등급별 혜택, 전용 멤버십 행사 등은 모두 소비자에게 '당신은 특별한 존재입니다'라는 메시지를 전달하며 브랜드 공동체의 일원으로서의 소속감을 느끼게 하는 도구였다.

ROI(투자 대비 수익률)Return on Investment 중심 KPI(핵심 성과 지표)Key Performance Indicator는 이러한 전략의 성과를 측정하는 핵심 지표였다. 캠페인의 클릭률, 구매 전환율, 재방문율 등은 소비자가 브랜드 메시지에 어떻게 반응하고 행동했는지를 수치화해 보여주는 도구였다. 이는 브랜드가 소비자에게 전하고자 한 가치와 스토리가 얼마나 효과적으로 전달되었는지를 가늠하는 일종의 건강검진표 같은 역할을 했다.

그러나 이러한 수치 중심의 접근법은 감정적 연결의 깊이를 완전히 담아내기에는 한계가 있었다. 충성도 프로그램은 소비자의 반복적인 구매를 유도할 수는 있었지만, 그 과정에서 생기는 진정한 애착과 정서적 공감까지 온전히 관리하거나 측정할 수는 없었다. 결국 브랜드는 수치적 성공 뒤에 숨어 있는 '관계의 온도'를 간과하기 쉬웠다.

브랜드 경험은 더 이상 기업이 설계한 정제된 메시지에 국한되지 않는다. 이제는 소비자가 만들어가는 수많은 기억의 파편들이 브랜드의 얼굴이 된다. 이는 브랜드가 소비자와의 관계를 '통제'하는 시대가 끝나고, 함께 '공저共著'하는 새로운 시대의 도래를 의미한다.

루이비통과 구찌는 오랫동안 전 세계 럭셔리 시장을 대표해 온 브랜드다. 이들은 단순히 고가 제품을 판매하는 브랜드가 아니라 희소성과 권위, 전통적 장인 정신을 기반으로 한 '문화적 아이콘'을 지향해왔다. 전통적으로 이 두 브랜드는 '럭셔리'라는 개념을 지키기 위해 철저한 통제 기반 마케팅 전략을 고수했다. 특히 디지털 마케팅을 자제한 이유는 명확했다.

럭셔리 브랜드가 가장 중요하게 여기는 가치는 희소성scarcity과 권위authority다. 브랜드가 소수의 '선택된 사람'을 위해 존재한다는 이미지를 유지함으로써 제품은 단순한 소비재가 아니라 사회적 지위와 개성을 상징하는 상징물로 자리매김한다.

이런 가치를 보호하기 위해 루이비통과 구찌는 한동안 온라인 광고나 SNS 등 대중적인 플랫폼에 노출되는 것을 꺼렸다. 이는 대중에게 쉽게 다가갈수록 '프리미엄' 이미지가 훼손될 수 있다는 두려움에서 비롯된 전략적 선택이었다. 또한 이들은 자사 매장을 중심으로 한 직접 판매direct retailing 방식을 선호했다. 루이비통은 오랫동안 공식 웹사이트에서조차 제품 가격을 공개하지 않았으며, 온라인 판매를 최소화하고 주요 도심의 플래그십 스토어나 백화점 매장 중심으로 판매를 이어갔다. 구찌 또한 오프라인 매장에서의 경험을 중시하며, 직접 방문을 통한 개인화된 서비스를 제공하는 데 초점을 맞췄다.

럭셔리 브랜드는 매장 인테리어, 직원의 복장과 태도, 매장 내 음악과 향기까지 모든 고객 접점을 철저히 관리해왔다. 이는 소비자가 브랜드 공간에 들어서는 순간부터 하나의 '공연'을 보는듯한 몰입감을 느끼게 하고, 브랜드 세계관을 체험하도록 설계한 결과였다.

특히 SNS와 같은 개방형 플랫폼은 브랜드 경험을 소비자가 자의적으로 재해석하거나 무분별하게 확산시킬 위험이 있다고 판단했기 때문에 루이비통과 구찌는 이를 장기간 활용하지 않았다. 이들은 대규모 광고보다는 패션쇼, 소수 VIP를 초대하는 비공개 행사, 예술가와의 한정 협업 컬렉션 등 선별적이고 폐쇄적인 마케팅 전략을 통해 브랜드 스토리를 강화해왔다.

예를 들어, 루이비통은 프랑스 본사에서 열리는 장인 워크숍 견학 프로그램이나 초청만으로 관람 가능한 프라이빗 전시회를 운영하며, '접근할 수 없는 신비함'을 유지했다. 구찌 역시 초창기에는 젊은 아티스트나 소규모 셀럽 협업을 통한 한정판 컬렉션을 진행하며, 대중보다는 소수의 미감 있는 소비자에게 집중했다. 이러한 전략은 '콧대 높은 럭셔리'라는 이미지를 견고히 다지는 데 크게 기여했다.

전통적 브랜드 전략은 철저히 기업 중심, 통제 중심이었다. 브랜드는 하나의 이상을 정의하고 그것을 단일한 목소리로 세상에 전하려 했다. 그러나 소비자는 점점 더 능동적으로 변하며, 브랜드 메시지를 수용하는 것을 넘어 스스로 이야기의 공동 창작자가 되었다.

결국 브랜드는 더 이상 무대 위에서 혼자 대사를 읊는 배우가 아니라 관객과 함께 스토리를 만드는 협업자가 되어야 한다. 폐쇄적 전략을 고수한 럭셔리 브랜드들도 디지털 시대 그리고 AI 시대에 접어들면서 급격한 전환을 맞게 되었고, 이는 오늘날 루이비통, 구찌 등 럭셔리 브랜드들이 디지털 실험과 감정 기반 AI 전략을 결합하게 된 결정적 배경이 되었다.

이제 우리는 '어떻게 이야기할 것인가?'보다 '어떻게 함께 이야기할 것인가?'를 고민해야 할 때다. 그 여정을 이해하는 것은 AI 시대의 브랜드 전략을 새롭게 설계하기 위한 첫 번째 단추이기도 하다.

소비자, 어떻게 변해왔는가?

정보 소비자에서
감정 소비자로

오랫동안 소비자는 브랜드가 전하는 정보를 받아들이는 수동적 소비자에 머물러 있었다. 브랜드가 말하는 제품의 특징, 품질, 기능적 장점은 광고와 홍보물을 통해 일방적으로 전달되었고, 소비자는 그 정보를 비교하고 평가하며 구매를 결정했다. 이때 브랜드의 힘은 '정보 제공 능력'에 달려 있었다. 더 많은 데이터를 제공하고, 더 그럴듯한 이야기를 만들어내는 것이 경쟁력이었다. 그러나 디지털과 모바일 기술의 발전 그리고 소셜 미디어의 확산은 소비자와 브랜드의 관계를 근본적으로 바꿔 놓았다. 과거의 소비자는 '정보를 소비하는 존재'였지만, 오늘날의 소비자는 '감정을 소비하는 존재'로 변모했다.

　우리는 브랜드와의 아주 작은 순간들 속에서 감정적 경험을 쌓는다. 예를 들어, 한 쇼핑몰 앱의 챗봇이 내 피곤한 하루를 알아보고 건네는 다정한 한마디, 배송 알림이 내 이름을 불러주며 '오늘도 수고 많으셨어요'라고 전하는 메시지 혹은 맞춤형 추천 콘텐츠가 마치 오랜 친구처럼 내 취향을 알아보는 순간들. 이런 디지털 시대의 사소한 접점들은 우리의 마음에 예상치 못한 따뜻함을 남긴다. 이 감정은 단순한 만족감을 넘어 브랜드에 대한 호감과 애착으로 연결된다.

　소비자는 더 이상 기능적 가치만을 추구하지 않는다. 그들은 '이 제품이 얼마나 좋은가?'보다 '이 브랜드는 내 감정을 얼마나 존중하고, 내 삶에 어떤 여운을 남겼는가?'를 묻는다. 그 결과, 브랜드와 소비자 사이의 관계는 점점 더 감정적 신뢰에 의해 결정되고 있다.

　심리학자이자 경제학자인 대니얼 카너먼은 "우리는 어떤 정보를 들었는지보다 그것을 들었을 때 어떻게 느꼈는지를 더 오래 기억한다."라고 말했다. [4]

　이 통찰은 브랜드 전략에서도 마찬가지로 적용된다. 첫인상, 충성도, 재구매 그리고 자발적인 추천…. 이 모든 것은 합리적인 계산이 아니라 감정적 공명에서 비롯된다.

　예를 들어, 한 번의 감성적인 DM 메시지, 오프라인 매장에서 예상치 못한 따뜻한 응대 또는 제품을 열어 보았을 때 느껴지는 정성 가득한 패키징…. 이러한 모든 경험은 소비자가 브랜드를 좋아하고, 다시 찾게 하고, 친구에게 자랑하고 싶게 만든다. 결국 소비자는 정보가 아니라 감정의 기억을 간직한다.

맥킨지McKinsey의 2023년 보고서는 이를 데이터로 증명했다.[5]

"감정적으로 연결된 고객은 단순히 만족한 고객보다 평균 3배 이상의 충성도를 보인다."

이 보고서에 따르면, 감정적으로 연결된 고객은 단순히 다시 구매할 가능성이 높은 것에 그치지 않고, 브랜드를 자발적으로 옹호하며 자신만의 스토리를 만들어 공유한다. 이것이 바로 팬덤을 만드는 힘이며, 단순한 기능적 만족이나 가격 경쟁력만으로는 결코 도달할 수 없는 영역이다.

브랜드 전문가 마크 앤더슨Mark Anderson 역시 같은 맥락에서 강조한다.

"브랜드는 말이 아닌 감정으로 구축된다. 고객이 브랜드를 좋아하고, 신뢰하고, 추천하게 되는 이유는 언제나 기능이나 가격이 아니라 감정의 여운 때문이다. 기술은 감정을 실어 나르는 그릇일 뿐, 핵심은 언제나 감정이다."

이 말은 오늘날 소비자의 변화된 본질을 정확히 보여준다. 즉, 소비자는 더 이상 브랜드가 준비한 정보만을 수동적으로 받아들이는 존재가 아니다. 그들은 자신의 감정을 주도적으로 설계하고, 브랜드를 통해 감정적 가치를 확인하며, 자신의 삶을 더욱 '이야기 있게' 만들고자 한다.

과거 소비자는 제품에 대한 정보를 수집하고, 기능을 비교하고, 가격을 따져보는 존재였다. 그러나 지금은 그렇지 않다. 소비자는 이제 브랜드가 내는 '느낌' 그리고 나와의 '감정적 대화'를 중시한다.

예를 들어, 어떤 이에게는 루이비통 가방이 단순한 가죽 제품이 아니라 '자신이 원하는 라이프스타일의 상징'이 된다. 또 어떤 이에게는 구찌의 개성 강한 디자인이 '자신의 자유롭고 대담한 성향'을 대변하는 표현 수단이 된다.

이제 브랜드는 기능적 가치를 넘어 소비자의 정체성과 감정적 세계관을 함께 구축하는 동반자가 되었다. 소비자는 정보를 소비하지 않는다. 소비자는 감정을 소비한다.

'나만의 브랜드' 시대:
참여와 공감 그리고 이야기

오늘날 소비자는 더 이상 브랜드가 던져주는 메시지를 일방적으로 듣는 존재가 아니다. 그들은 자신만의 관점과 감정 그리고 스토리를 적극적으로 담아내려는 참여자가 되었다. 이제 브랜드는 소비자에게 '우리 이야기를 들어주세요'라고 말하는 것이 아니라 '당신의 이야기에 우리가 어떻게 함께할까요?'라고 물어야 하는 시대가 된 것이다.

SNS와 개인 미디어 채널의 등장으로 소비자는 브랜드 콘텐츠의 단순한 소비자에서 '공동 제작자'로 변모했다. 예를 들어, 한 소비자가 자신의 스타일에 맞춰 커스터마이즈한 나이키 운동화를 찍어 올리는 순간, 그는 더 이상 단순한 구매자가 아니라 브랜드 세계관을 확장하는 공동 창작자가 된다.

무신사나 아디다스 그리고 최근의 루이비통과 구찌조차 이 흐름을 적극적으로 수용하고 있다. 소비자가 자신의 방식으로 스타일링을 공유하고, 스토리를 담아내는 콘텐츠를 만들어내도록 유도하면서 브랜드는 더 이상 정적인 존재가 아니라 움직이는 이야기가 된다. 이런 참여형 스토리텔링은 브랜드 충성도를 강화할 뿐 아니라 소비자 스스로가 '나만의 브랜드'를 만들어 나가도록 돕는다.

브랜드의 메시지가 소비자의 마음을 흔드는 순간은 언제일까? 그건 단순히 화려한 비주얼이나 가격 혜택이 아니다. 바로 공감이 일어날 때다.

스타벅스가 단순한 커피 브랜드가 아닌 이유는 매장 안에서 느끼는 '세 번째 공간Third Place'의 감성과 커피 한 잔에 담긴 작은 위로와 공감 때문이다. 이처럼 브랜드는 소비자의 일상에 스며들어 작고 반복되는 감정의 파장을 만들어낸다. 결국 소비자는 브랜드를 '구매'하는 것이 아니라 그 브랜드가 만들어내는 감정의 경험과 이야기를 소비한다.

브랜드는 이제 더 이상 단일한 서사를 강요하지 않는다. 대신 소비자가 스스로 이야기를 만들어갈 수 있는 여백을 제공한다. 루이비통의 트렁크, 구찌의 스니커즈, 무신사의 티셔츠 한 장까지. 이 모든 제품은 '완성된 제품'이 아니라 소비자가 자신의 이야기를 덧붙여 완성하는 무대가 된다.

이러한 관점에서 보면, 브랜드는 소비자에게 '정체성을 담는 캔버스'를 제공한다고도 할 수 있다. 구찌의 독창적인 패턴과 강렬한 컬러는 어떤 소비자에게는 자기표현의 무기가 되고, 어떤 이에게는 자유와 도전의 상징이 된다. 브랜드는 이 과정에서 소비자와 함께 공동 창작의 장을 만들어가는 셈이다.

오늘날 소비자는 '대중적이고 보편적인 브랜드'보다는 '나만의', '나를 닮은' 브랜드를 원한다. '나만의 브랜드'를 원하는 시대다. 디지털 네이티브 세대일수록 이 경향은 더 강하게 나타난다. 이들은 자신을 표현할 수 있는 브랜드를 찾고, 그 브랜드의 가치와 철학을 자신만의 방식으로 해석하고 경험하며 공유한다. 그 결과, 브랜드는 이제 소비자의 일부가 아니라 소비자의 정체성과 밀접하게 연결된 내러티브의 일부가 된다.

과거 방식, 한계에 다다른 이유는?

브랜드 통제력의 붕괴

오랫동안 브랜드 전략은 '통제'라는 단어로 요약될 수 있었다. 기업은 브랜드 로고, 슬로건, 제품 디자인, 매장 경험까지 세세하게 규정하며 일관된 이미지를 유지하려고 했다. 소비자는 그저 수동적으로 이 메시지를 받아들이는 '수용자'에 머물렀다. 하지만 이 방식은 디지털 전환과 함께 서서히 한계를 드러내기 시작했다. 정보의 흐름이 급격히 빨라지고, 개인의 목소리가 즉각적으로 퍼지는 시대에 브랜드의 메시지는 더 이상 완벽히 통제될 수 없게 된 것이다.

디지털 플랫폼과 소셜 미디어의 등장은 브랜드 권력의 구조를 근본적으로 흔들었다. 더 이상 브랜드는 스스로를 '정의'하고 이를 일방적으로 전파할 수 있는 위치에 있지 않다. 이제 소비자는 자신의 경험을 리뷰로 남기고, 인스타그램과 유튜브·틱톡에 자신만의 해석과 평가를 공유하며, 브랜드가 의도하지 않았던 새로운 내러티브를 만들어낸다.

    루이비통과 구찌 같은 전통적 럭셔리 브랜드조차 이 변화에 직면했다. 과거 이 브랜드들은 고도의 희소성과 오프라인 경험을 통해 '콧대 높은' 이미지를 유지하며, 철저히 통제된 메시지로만 소비자와 만났다. 그러나 팬데믹 이후 이들은 디지털 패션쇼, 라이브 스트리밍, 디지털 크리에이티브 협업 등을 통해 더 이상 자신들만의 이야기에 소비자를 '초대'하는 것이 아니라 소비자가 직접 이야기를 '함께 쓰는' 방식으로 전략을 전환하고 있다. 이는 단순히 마케팅 채널을 늘리는 문제가 아니다. 브랜드가 소비자와 감정적으로 연결되고, 함께 만들어가는 '공동 창작의 장'을 열어야 하는 본질적 변화다.

관계 중심 경험으로의 전환

    과거에는 소비자를 설득하고, 원하는 이미지를 심어주는 것이 핵심이었다. 그러나 지금은 소비자가 브랜드와 관계를 맺고, 그 관계를 통해 자신의 정체성을 확인하는 시대다. 이 관계는 단순한 구매 경험에서 시작하지 않는다. 브랜드가 소비자의 언어와 문화를 존중하고 공감하며, 때로는 감정적으로 위로와 응원을 보내는 '심리적 파트너'로서 자리 잡을 때 비로소 형성된다.

예를 들어, 도브의 리얼 뷰티 캠페인은 전형적인 관계 중심 경험의 사례다. 브랜드는 더 이상 '우리 제품을 이렇게 보세요'라고 말하지 않는다. 대신 '당신의 있는 그대로의 아름다움을 응원합니다'라는 메시지를 통해 소비자가 직접 자신의 이야기를 완성하도록 돕는다. 이 과정에서 브랜드는 소비자와 수평적 관계를 형성하며, 함께 새로운 서사를 만들어간다. 이러한 접근은 일시적인 판매 성과를 넘어 소비자가 브랜드를 '친구'나 '동반자'처럼 느끼게 만든다. 결국, 브랜드 충성도는 관계 속에서 자연스럽게 자라나게 된다.

부족했던 감정 설계

디지털 기술과 데이터 분석은 브랜드에게 새로운 기회를 제공했다. 개인의 행동 데이터, 구매 패턴, 클릭 히스토리 등을 통해 소비자의 취향과 필요를 세밀하게 파악하고, 맞춤형 추천과 개인화된 서비스가 가능해졌다. 그러나 이 개인화personalization는 대부분 기능적이고 실용적인 측면에 집중되어 있었다.

예컨대, '당신이 지난주에 본 상품을 다시 보여드립니다' 또는 '비슷한 상품을 추천합니다' 같은 추천 알고리즘은 소비자에게 편리함을 제공하지만, 감정적 공감을 만들어내기에는 한계가 있었다. 브랜드가 소비자의 감정을 디자인하고, 정서적 경험을 설계하는 단계까지 도달하지 못한 이유는 기술이 제공하는 '정확성'과 '속도'에 지나치게 의존했기 때문이다. 결국, 소비자는 '이 브랜드는 나의 데이터를 잘 분석한다'는 생각은 할지언정, '이 브랜드는 나를 진심으로 이해한다'는 감정을 느끼지 못했다. 기술이 해결할 수 없는 '감정의 벽'이다. 맥킨지 보고서(2023)에서도 "감정적으로 연결된 소비자는 그렇지 않은 소비자보다 평균 3배 이상의 충성도를 보인다."는 사실을 강조한다. 이는 브랜드가 기술과 데이터만으로는 결코 넘을 수 없는 '감정의 벽'이 존재한다는 것을 시사한다.

기술은 분명 강력한 도구다. 하지만 감정은 단순히 데이터를 조합해서 만들어낼 수 있는 산물이 아니다. 사람들은 '정확한 추천'이 아닌 '나만을 위해 준비된 배려'를 원한다. 추천 알고리즘이 아닌 작은 디테일에서 느껴지는 따뜻함. 바로 그 따뜻함이 기억을 만들고, 관계를 단단히 묶는다.

이제 브랜드는 더 이상 '통제'하려 해서는 안 된다. 오히려 소비자가 브랜드와 함께 관계를 설계하고 이야기를 만들어가도록 돕는 '참여 설계자'로 거듭나야 한다.

브랜드는 소비자에게 다음과 같은 질문을 던져야 한다.

'우리는 당신의 이야기에 어떤 방식으로 스며들어야 할까? 우리는 어떤 감정으로 당신과 함께 기억되고 싶은가? 당신의 언어로 우리의 이야기를 어떻게 완성할 수 있을까?'

과거 방식의 한계는 단순히 마케팅 효과의 저하 문제가 아니다. 브랜드의 생존과 정체성 그리고 장기적인 성장을 좌우하는 근본적 과제다.

　브랜드는 이제 일방적인 교사가 아니라 소비자와 감정을 교환하고 함께 성장하는 공감적 파트너가 되어야 한다. 이것이 바로 AI 이전 시대 방식의 종말이자, 앞으로의 브랜드 전략이 나아가야 할 새로운 방향이다.

브랜드, 왜 다시 이야기해야 하는가?

브랜드는 기억이다: 감정과 경험의 언어

'브랜드는 무엇을 남기는가?'라는 질문에 더 이상 기능이나 디자인, 가격만으로는 답할 수 없다. 오늘날의 브랜드는 기억에 남는 존재여야 하며, 그 기억은 대부분 감정의 궤적 위에 자리 잡는다. 브랜드는 결국 '기억되는 것'이고, 그 기억은 정보보다 감정으로 빚어진다.

    기억은 단발적인 이벤트보다 일상에서 쌓인 경험으로 형성된다. 브랜드는 로고나 광고 문구처럼 눈에 보이는 요소만으로 존재하지 않는다. 그것은 고객의 머릿속에 각인된 감정의 흐름, 일상에서 축적된 경험의 집합체 그리고 그 경험들이 이어진 기억의 흔적이다. 따라서 브랜드 전략이란 결국 '어떻게 기억될 것인가?'를 설계하는 일이다. 감정은 기억을 만드는 가장 강력한 도구다. 심리학자 대니얼 카너먼은 "사람은 정보를 잊지만, 감정은 오래 기억한다."라고 말한다. 감정적으로 강하게 각인된 경험은 시간이 지나도 쉽게 사라지지 않고, 그 기억은 소비자의 재구매, 추천 그리고 자발적 옹호 행동으로 이어진다.

　브랜드 전략가 버나드 슈미트Bernad Schmitt는 "위대한 브랜드는 단순히 기능적 가치를 전달하는 것이 아니라, 감정적이고 기억에 남는 경험을 창조한다."라고 강조한다. 또한 조셉 파인Joseph Pine과 제임스 길모어James Gilmore는 《경험 경제Experience Economy》에서 "The memory itself is the product(기억 자체가 곧 제품이다)."라고 말한다. 이는 브랜드가 단순히 물리적 제품이나 서비스가 아니라 기억에 남는 경험 자체를 팔고 있다는 점을 명확히 보여준다.

　결국, 브랜드는 어떻게 경험을 설계하느냐에 따라 고객의 마음속에 어떤 기억으로 자리 잡을지가 결정된다. 브랜드는 '메시지를 전달하는 존재'가 아니라 '경험을 디자인하고 감정을 남기는 존재'로 진화해야 한다.

브랜드와 사람의 관계 변화

브랜드와 사람의 관계는 오랜 시간 동안 한 방향의 메시지 전달

중심이었다. 기업은 방대한 매뉴얼과 광고를 통해 브랜드를 정의하고, 소비자는 그것을 수용하는 수동적인 역할을 맡았다. 그러나 디지털 미디어와 소셜 플랫폼의 등장으로 이 관계는 극적으로 변했다.

이제 브랜드는 더 이상 완벽하게 설계된 이미지를 일방적으로 전달할 수 없다. 소비자는 능동적으로 브랜드를 해석하고, 경험을 공유하며, 새로운 의미를 만들어낸다.

예를 들어, 스타벅스는 소비자의 라이프스타일과 감정에 맞춘 개인화된 메시지를 통해 단순한 커피 브랜드를 넘어 '삶의 동반자'가 되고 있다. '오늘도 수고 많으셨어요'라는 앱의 알림 문구는 단순한 제품 판매를 넘어 소비자와 감정적으로 연결되는 매개체로 작용한다.

루이비통과 구찌 같은 전통적 럭셔리 브랜드도 디지털 전환과 감정 설계의 필요성을 깨달았다. 예전에는 콧대 높은 이미지를 유지하며 제한된 공간과 경험을 강조했지만, 이제는 디지털 패션쇼, 메타버스 협업, NFT 아트 등 새로운 접점을 통해 소비자와 더 깊이 연결되고 있다. 이 변화는 브랜드와 소비자가 '함께 서사를 만들어가는 관계'로 진화했음을 보여준다.

기술보다 감정이
본질인 이유

많은 브랜드가 기술 발전에 매혹되어 데이터와 AI 기술을 중심으로 전략을 재편하고 있다. 개인화 알고리즘, 자동화된 마케팅, 맞춤형 추천 시스템은 이제 필수적인 경쟁 요소가 되었다. 그러나 기술만으로는 소비자의 마음을 움직일 수 없다. 기술은 감정을 전달하기 위한 수단이지, 감정 그 자체가 될 수는 없다. 사람은 '이 브랜드가 나를 얼마나 잘 분석하는가?'보다 '이 브랜드가 나를 얼마나 이해하고 배려하는가?'를 더 오래 기억한다. 즉, 데이터는 브랜드를 정교하게 만들 수 있지만, 진정한 충성도를 만드는 것은 오직 감정이다.

브랜드가 감정 기반의 기억으로 남기 위해서는 다음 네 가지 기준이 중요하다.

- 의미성: 고객의 정체성, 가치관, 생활방식과 연결되는 메시지를 전달하고 있는가?
- 맥락성: 고객의 시간과 상황, 감정의 흐름에 맞춰 브랜드가 등장하고 있는가?
- 일관성: 브랜드의 말과 행동, 디자인과 서비스가 하나의 톤과 세계관으로 연결되어 있는가?
- 참여성: 고객이 브랜드와의 관계를 '내 이야기'로 받아들일 수 있는 여지를 주고 있는가?

이 기준을 충족할 때 브랜드는 감정의 층위 속에 안정적으로 자리 잡고 기억으로 연결되는 경험을 설계할 수 있다.

스타벅스가 소비자의 기분과 날씨, 시즌에 맞춰 전하는 작은 메시지 한 줄이 브랜드 충성도를 결정짓는 이유가 여기에 있다. 소비자는 단순한 '편리함'이 아니라 '공감'을 원한다. 기술로 시작된 개인화가 감정으로 번역될 때, 비로소 브랜드는 사람의 마음을 얻는다.

감정과 기억의
설계 사례

브랜드는 더 이상 단순한 상징이나 이름, 광고 문구가 아니다. 브랜드는 소비자의 일상에 녹아들어 함께 살아가는 '감정의 파트너'다. 기술의 발전이 우리의 일상을 빠르게 바꾸고 있지만, 브랜드의 본질은 여전히 '감정'과 '기억'에 있다.

AI 시대의 브랜드 전략은 이제 기능 중심에서 감정 중심으로, 감정 중심에서 기억 중심으로 진화해야 한다. 브랜드는 데이터를 넘어 감정과 기억을 설계하고, 그것을 기반으로 지속 가능한 관계를 구축해야 한다. '우리는 고객에게 무엇을 팔고 있는가?'라는 질문에서 '우리는 고객에게 어떤 감정을 남기고, 어떤 이야기를 함께 쓰고 있는가?'라는 질문으로 옮겨가야 할 때다.

기억에 남는 브랜드는 결국, 감정과 경험의 층위를 설계한다. 그 설계는 반드시 사람의 삶에서 체험되는 공간과 순간을 필요로 한다. 브랜드는 더 이상 단순히 제품이나 서비스를 파는 존재가 아니다. 브랜드는 우리의 하루 속에, 우리의 감정 속에 그리고 우리의 기억 속에 천천히 스며드는 '감정의 파트너'가 되어야 한다. 그렇다면 우리는 어떤 공간과 순간에서 이 기억을 가장 선명하게 체험할 수 있을까?

이제 우리는 브랜드가 '기억을 어떻게 설계하고 남기는지'를 보여주는, 아주 구체적이고도 감각적인 사례들을 살펴보려 한다. 이 공간들은 브랜드의 철학과 이야기가 경험으로 전환되어 감정의 언어로 오래도록 기억되는 장소들이다.

상하농원

상하농원은 전라북도 고창군 상하면에 2005년 매일유업이 설립한 유기농 목장이다. 이 목장은 '자연과의 공존'이라는 철학을 바탕으로 유기농 우유 생산을 넘어 체험형 농장인 '상하농원'을 운영하며 소비자와의 감정적 연결을 추구하고 있다. 특히 상하농원은 유기농 제품의 생산 과정을 투명하게 공개하고, 방문객이 직접 참여할 수 있는 프로그램을 운영함으로써 브랜드에 대한 신뢰와 감정적 유대를 강화하고 있다. 이러한 전략은 브랜드가 소비자와의 관계를 단순한 거래를 넘어 감정적 연결로 확장하는 데 기여한다.

상하농원은 제품의 품질뿐만 아니라 소비자와의 감정적 연결을 통해 브랜드를 기억하게 만드는 전략을 성공적으로 구현한 사례로, AI 시대의 브랜드가 어떻게 감정을 설계하고 기억으로 남길 수 있는지를 보여준다.

지혜의 숲

무지 호텔

지혜의 숲

경기도 파주시 출판도시에 위치한 '지혜의 숲'은 단순한 서가가 아니라 책을 통해 감정을 연결하는 브랜드 공간으로 설계되어 있다. 수만 권의 책이 24시간 개방된 커다란 서가를 따라 자유롭게 열람 가능하며, 방문객은 마치 '누군가의 내면을 걷는' 듯한 독서 경험을 하게 된다. 이 공간은 '책을 파는' 곳이 아니라 책을 매개로 정서적 여운을 공유하는 감정 장소로서 작동한다. 특히 지혜의 숲은 '서점'이라는 정의보다 '기억이 감정의 언어로 묶이는 공간'이라는 개념으로 더 설명된다. 아이와 함께 책을 읽는 부모, 책장을 넘기다 서로 이야기를 나누는 연인, 노트북 대신 펜을 들고 사색하는 방문객 등 이곳에서의 경험은 감정의 시간으로 각인된다.

지혜의 숲은 브랜드를 통해 '사유의 경험'을 제공하며, 그 기억을 다시 방문으로 이어지게 만드는 관계 기반의 감정 설계 공간이다.

무인양품

일본의 미니멀 라이프스타일 브랜드 무인양품MUJI은 무지호텔MUJI HOTEL이라는 이름으로 브랜드 철학 전체를 체험하는 숙박 공간을 제안했다. 도쿄, 베이징, 선전 등에 위치한 호텔은 '소유보다 삶의 질'이라는 무지의 철학을 건축, 가구, 조명, 수건 하나에 이르기까지 일관된 경험으로 구현한다.

무지호텔의 객실은 고급스럽지 않지만 과하지 않게 따뜻하다. 공간은 단지 잠을 자는 장소가 아니라 '쓸모 있는 아름다움'이라는 무지의 감정 언어를 고객이 몸소 느끼고 기억하도록 설계되어 있다. 심지어 객실 내 제품 대부분은 무인양품 매장에서 구매 가능하며, 머무는 경험과 소유의 연결성을 통해 브랜드가 말하고자 하는 '살아가는 감정 태도'를 공간 속에서 지속적으로 경험하게 한다.

무지호텔은 '머물렀던 경험'이 브랜드 전체를 이해하는 여정이 되도록 설계된 관계형 체류 경험의 대표 사례다.

잇탈리

이탈리아에서 시작된 잇탈리EATALY는 단순한 마켓이 아닌 '이탈리아 식문화를 감정으로 체험하는 브랜드 공간'이다. 뉴욕, 도쿄, 파리, 서울 등 전 세계 대도시에 진출한 잇탈리는 지역별 식재료 마켓, 오픈 키친, 쿠킹 클래스, 식당이 결합된 복합 공간으로 운영된다. 고객은 이곳에서 단순히 음식을 구매하는 것이 아니라 셰프의 설명을 들으며 요리를 배우고, 직접 만든 음식을 먹으며, 자신의 삶 속에 식문화라는 감정 언어를 새기는 경험을 하게 된다. 브랜드 네이밍 자체도 'EAT + ITALY'라는 감성적 구조를 갖고 있으며, '이탈리아를 먹는다'는 이 직관적인 콘셉트는 소비자에게 정체성, 문화, 삶의 태도를 함께 전달한다.

잇탈리는 브랜드가 '무엇을 판매하는가?'보다 '고객의 감정 안에서 무엇을 남기는가?'에 주목한다. 그래서 이곳에서의 경험은 언제나 '맛'보다는 '기억'으로 회귀한다.

잇탈리

에레혼

에레혼

이러한 감각 중심의 푸드 경험 브랜드가 유럽에서 탄생했다면, 미국 서부에는 보다 정서적이고 라이프스타일 중심의 웰니스 브랜드가 존재한다. 바로 에레혼Erewhon이다. 1966년 로스앤젤레스에서 시작된 에레혼은 유기농 식품에 대한 신념에서 출발한 작은 건강 식품점이었다. 브랜드 이름은 역으로 읽으면 'Nowhere(어디에도 없음)'이지만, 이는 오히려 '어디에도 없는 경험'을 의미하는 선언이었다. 에레혼의 목적은 단순한 건강식품 판매가 아니라 사람들이 자신의 몸과 감정 그리고 일상에 대해 더 정성스럽게 마주하게 하는 공간을 만드는 것이었다. 이 철학은 시간이 흐르면서 더욱 구체화되고, 오늘날에는 '웰니스 감정의 큐레이션 플랫폼'으로 자리 잡게 된다.

매장에 들어서는 순간, 고객은 구매자가 아니라 '삶의 질을 선택하는 존재'가 된다. 콜드프레스 주스를 들고 셀카를 찍는 인플루언서, 재사용 가능한 쇼핑백을 챙기는 MZ세대 소비자, 친환경 패키지에 담긴 로컬 샐러드를 고르는 중년 커플…. 에레혼은 이처럼 다양한 소비자들이 '건강한 삶'이라는 감정을 공유하는 장소다. 무엇보다 인상적인 것은 에레혼이 만들어낸 감정의 밀도다. 그들은 가격을 낮추거나 마케팅 문구를 늘리지 않는다. 대신에 감정의 설계를 인테리어, 음악, 조명, 말투, 패키지의 결까지 브랜드의 일관된 목소리로 구현한다.

에레혼의 매장 진열대에는 물 한 병이 25달러, 스무디 한 잔이 20달러를 넘는 가격표가 붙어 있지만, 고객들은 망설이지 않는다. 왜일까? 그 이유 중 하나는 '셀럽 스무디'다. 할리우드 스타 헤일리 비버Hailey Bieber의 이름을 딴 '스킨 글로우 스무디Skin Glow Smoothie'는 한 잔에 19~20달러라는 높은 가격에도 불구하고 연일 매진 행렬이다. 하지만 그녀만이 아니다. 케이시 무스그레이브스Kacey Musgraves, 비앙카 페레즈Bianca Perez, 벨라 하디드Bella Hadid 등 다양한 셀럽들이 자신의 이름을 단 스무디를 론칭하며, 그 레시피는 그들의 취향과 철학을 반영해 직접 고안하거나 협업으로 개발된다. 더 흥미로운 점은, 셀럽이 자신의 스무디 가격 책정에 참여한다는 사실이다.

'이건 단순한 디톡스가 아니에요. 제가 아침마다 마시며 마음을 다잡는 루틴이에요.' 이런 감정의 서사가 붙는 순간, 스무디는 음료가 아니라 작은 자기 연출의 매개체가 된다. 이 모든 것은 SNS에서 활활 타오른다. 셀럽들은 자신의 인스타그램, 틱톡, 유튜브 숏츠를 통해 '오늘도 #에레혼스무디로 하루 시작', '이건 그냥 맛있는 게 아니고, 기분까지 달라져요.' 같은 방식으로 자연스럽고도 감성적인 바이럴을 유도한다. 팬들은 이 한 잔의 스무디를 따라 사 마시며, 마치 셀럽의 삶 한 조각을 음미하는 경험을 하게 된다. 이것은 구매가 아니라 감정적 몰입의 체험이다.

에레혼은 마치 몸과 마음을 동시에 어루만지는 공간처럼 매장을 찾는 사람들의 감정과 건강을 함께 돌보는 방식을 오래전부터 고민해왔다. 이제, 그 감정 설계는 AI 시대에도 계속해서 살아 움직이려 한다.

예를 들어, 어느 화요일 오후, 하루 종일 미팅에 지친 얼굴로

에레혼을 찾은 한 고객이 진열장 앞에서 조용히 '아사이 보울'을 집어 든다. 보랏빛 얼음처럼 차갑고 진한 스무디 위에 신선한 바나나 슬라이스, 바삭한 그래놀라, 코코넛 플레이크 그리고 아몬드 버터 한 스푼. 한 그릇에 담긴 이 작은 우주는 기분까지 맑게 해주는 웰니스의 시작이다.

에레혼의 AI는 알고 있다. 이 고객이 지난주에는 면역력 주스를 고르며 건강에 신경 썼다는 것, 월요일이면 어김없이 신선 채소 샐러드를 구매해 컨디션 회복을 루틴처럼 챙긴다는 것까지. 그 순간, 아사이 보울 옆 작은 스크린이 조용히 말을 건다.

"오늘은 이 마카 라떼 어때요? 요즘 고른 제품들과 정말 잘 어울려요. 기분도 조금 나아질 거에요."

에레혼은 AI를 '팔기 위한 기술'이 아니라 '감정을 잇는 언어'로 사용하고 있다. 에레혼이 꿈꾸는 것은 단지 '건강한 장보기'가 아니다. 그것은 지속 가능한 감정 경험이다. 에레혼은 결국 '웰빙 식품을 파는 매장'이 아닌 자기 돌봄과 감정의 미학을 하나의 경험으로 구성한 브랜드이며, 그 기억은 '어떤 제품을 샀는가?'가 아니라 '그날 나는 나를 위해 좋은 선택을 했다'는 감정으로 남는다. AI 시대에도 기억될 브랜드는 데이터가 아니라 감정을 설계한 브랜드다. 에레혼은 그 감정이 어떻게 일상의 리듬 속에 조용히 녹아들 수 있는지를 보여주는 섬세한 사례다.

성베네딕도회 왜관수도원

브랜드는 때로 아주 작고 소박한 것에서 진심을 말한다. 경상북

성베네딕도회 왜관수도원 피정

도 칠곡군 왜관읍 성베네딕도회 왜관수도원에는 외부에 널리 알려지지 않은 특별한 브랜드 경험이 있다. 바로 수도원 피정의 집에서 수도자들이 직접 만들어 판매하는 수제 소시지다. 이 소시지는 단지 먹거리 이상의 의미를 갖는다.

그것은 '기도와 노동Ora et Labora'이라는 수도원의 철학이, 오랜 시간 동안 쌓여온 손의 감각으로 구체화된 결과물이다. 빠르게 만들어 대량으로 유통되는 제품이 아니라 정해진 시간에만 소량으로 만들어지는 이 소시지는 '시간을 담은 음식'이다.

방문객들은 수도원 서점에서 조용히 책을 고른 뒤, 수도자들이 손으로 직접 만든 소시지를 한두 개 구입해 돌아간다. 그들은 그 맛을 통해 수도원에서 느꼈던 공기와 정적, 시간의 밀도와 감정의 층위를 기억한다. 그리고 브랜드의 가장 깊은 본질—정서적 연결—은 바로 이러한 순간에 생성된다.

이러한 감정의 잔상은 매우 오래간다. '그때 먹었던 그 소시지, 참 깊은 맛이었지'라는 말에는 맛에 대한 기억뿐 아니라 장소에 대한 인상, 분위기에 대한 감정 그리고 그 감정을 만든 사람들의 존재감까지 함께 묻어 있다.

브랜드는 때로 말하지 않아도 말한다. 가장 깊이 말할 수 있는 순간은 바로 느린 손의 기억이 남긴 경험이 감정으로 축적될 때다. 수도원의 소시지는 침묵으로 말하는 브랜드 언어이자 고객이 기억하게 되는 작고 진한 이야기다.

2

AI 시대, 브랜드의 본질적 변화

브랜드 정체성,

AI는 어떻게 재정의하는가?

AI가 브랜드 정체성과 경험에
미치는 영향

'브랜드의 정체성은 언제나 변해왔다. 그러나 AI는 그 변화를 가속화하며 한층 더 정교하고 예측 불가능한 방향으로 확장시키고 있다.' 우리가 지금까지 알고 있던 브랜드는 '일관성'을 최고의 가치로 삼았다. 로고, 색상, 슬로건, 톤앤매너 등 모든 요소는 철저히 통제되어 소비자가 어디서 접하든 동일한 인상을 받을 수 있도록 설계되었다.

    하지만 AI는 이 정체성의 경계를 허물고 있다. 이제 브랜드는 고정된 이미지가 아니라 상황과 문맥에 따라 변형되는 유기적인 생명체처럼 움직인다. AI는 브랜드를 단일한 목소리에서 다충적인 대화로 바꾼다. 예를 들어 고객의 기분, 행동 패턴, 날씨, 심지어는 그날의 뉴스 헤드라인까지 고려하여 다른 메시지를 제안할 수 있다. AI 기반 챗봇은 똑같은 질문에도 고객의 지난 구매 내역, 선호도, 대화 톤 등을 반영하여 각기 다른 방식으로 답변한다.

이러한 맞춤형 반응은 브랜드가 더 이상 단일한 '정의된 존재'가 아니라 고객과 실시간으로 호흡하며 스스로를 조율하는 존재가 되었음을 상징한다. 기존의 브랜드 매뉴얼은 하나의 '성경'처럼 여겨졌다. 그 안에는 브랜드가 어떤 가치관을 지니고 있는지, 어떻게 말하고 행동해야 하는지가 엄격히 기록되어 있었다. 그러나 AI는 이러한 고정된 규칙을 '순간적 해석'과 '즉흥적 판단'으로 대체한다. 고객에게 가장 적합한 메시지를 실시간으로 판단하고, 끊임없이 새로운 버전의 브랜드를 만들어낸다.

AI의 재정의

AI는 브랜드에 '다중 페르소나Multiple Persona' 개념을 불어넣는다. 예를 들어, 같은 브랜드라도 20대 대학생에게는 친근하고 발랄하게, 50대 직장인에게는 신뢰감 있고 점잖게 다가갈 수 있다. 마치 한 사람이 상황과 상대에 따라 다른 태도를 보이는 것과 비슷하다. 이러한 유연성은 과거 브랜드 전략가들이 꿈꾸던 '초개인화Hyper-personalization'를 실현한다. AI는 고객 한 명 한 명에게 '개별화된 기억'을 선사하며, 이는 곧 브랜드 충성도와 감정적 유대를 극대화하는 전략적 무기가 된다.

하지만 이러한 다중 페르소나는 또 다른 질문을 던진다. '브랜드의 본질은 무엇인가?' 브랜드가 고객마다 다른 모습으로 다가가면서 본질적 일관성과 고유성은 어떻게 유지될 수 있을까? 이는 단순한 마케팅 기법이 아니라 브랜드 존재론의 새로운 딜레마를 제기한다.

AI는 단순히 '브랜드가 무엇을 말할지'를 바꾸는 것이 아니다. 브랜드가 어떻게 기억되고, 어떻게 경험될지까지 새롭게 설계한다. 예를 들어, 넷플릭스는 개인의 시청 데이터를 기반으로 추천 영상을 제공한다. 이때 고객은 단순히 영화를 고르는 것이 아니라 '이 플랫폼은 나를 이해한다'는 감정을 느낀다. AI는 브랜드와 고객 간의 관계를 '정보 전달'에서 '공감'으로 이동시키고 있다.

또 다른 사례로, 루이비통과 구찌 같은 럭셔리 브랜드는 전통적으로 철저한 통제와 희소성을 중시했다. 하지만 최근 이들은 AI 기반의 소비자 행동 분석과 가상 피팅virtual try-on 기술을 도입해, 개별 고객의 선호와 라이프스타일에 맞는 경험을 제공하고 있다. 루이비통은 AI를 통해 매장 방문 전 온라인에서 맞춤형 스타일링 제안을 제공하고, 구찌는 AR(증강 현실)augmented reality과 AI 기술을 결합해 디지털 공간에서도 자신만의 스타일을 연출할 수 있도록 한다. 이는 고객의 일상 속에 자연스럽게 녹아드는 '감정적 참여'를 이끌어내며, 브랜드가 더 이상 단순한 제품 제공자가 아니라 개인의 라이프스타일 코디네이터로 진화하고 있음을 보여준다.

AI는 브랜드를 '기업의 메시지'에서 '고객과의 살아 있는 대화'로 변화시킨다. 브랜드는 이제 정지된 문장이 아니라 시시각각 업데이트되는 시리즈물 같은 존재가 된다. 브랜드 전문가 마티 뉴마이어Marty Neumeier가 말했듯 "브랜드는 소비자의 마음속에 존재하는 감정의 총합"이다. AI는 이 감정의 총합을 더 빠르게, 더 정교하게 그리고 더 맞춤형으로 관리하도록 도와준다.

그러나 이 모든 변화 속에서도 브랜드가 놓치지 말아야 할 핵심은 감정의 본질이다. 아무리 정교한 알고리즘이라도, 그 안에 인간의 공감과 배려가 담겨 있지 않다면 브랜드는 공허한 기계적 존재로 전락할 것이다. AI가 아무리 똑똑해져도 고객이 기억하는 것은 결국 '나를 이해해주는 따뜻한 한마디', '내 상황을 함께 고민해주는 배려' 같은 감정의 순간들이다.

AI는 브랜드 정체성의 경계를 허물고, 고객과의 접점을 무한히 확장시킨다. 그러나 브랜드의 생명력은 기술의 정확성이 아니라 감정의 온도에 달려 있다. 결국 AI가 진화할수록 브랜드는 더욱더 인간다운 존재로 거듭나야 한다. 이것이 바로 AI 시대에 브랜드가 진정한 기억과 관계를 설계하는 길이다.

기억과 감정, 데이터로 측정할 수 있는가?

브랜드 경험의 데이터 수집과 감정 분석

우리는 브랜드를 머릿속에 어떻게 저장할까? 한 사람의 기억 속 브랜드는 로고나 광고 문구가 아니다. 그것은 한 잔의 커피 향, 점원이 건네준 작은 웃음 혹은 앱에서 받은 친절한 알림처럼 작고 개인적인 경험의 파편들이다. 결국 브랜드에 대한 기억은 감정의 궤적 위에 쌓인다. 하지만 이런 감정과 기억을 과연 데이터로 측정할 수 있을까? AI 시대에 들어서며 많은 브랜드가 이 질문 앞에 서게 되었다.

오늘날 브랜드는 수많은 데이터를 수집한다. 웹사이트 클릭, 구매 이력, 재방문 빈도, SNS 좋아요, 해시태그 참여도 등 디지털 행동 데이터는 고객의 '이성적' 행동을 매우 구체적으로 보여준다. 문제는, 이 데이터들이 '무엇을' 했는지는 알려주지만 '왜' 했는지는 알려주지 못한다는 데 있다. 고객이 갑자기 브랜드를 떠난 이유, 특정 제품을 반복적으로 구매한 이유 혹은 광고를 본 후 느낀 감정은 데이터만으로는 완전히 드러나지 않는다. 그래서 최근 브랜드들은 데이터 분석의 범위를 '행동 데이터'에서 '감정 데이터'로 확장하고 있다.

감정 분석Emotion Analytics은 소비자의 표정, 음성 톤, 문장 패턴, 심지어는 생체 반응까지 분석하여 감정을 해석하려는 시도다. 예를 들어, 온라인 리뷰나 SNS 댓글에서 긍정/부정 키워드만 추출하던 과거 방식과 달리 최신 감정 분석 기술은 문장의 맥락, 문법 패턴, 숨겨진 뉘앙스까지 파악한다.

아모레퍼시픽은 실제로 AI 기반 감정 분석 플랫폼과 텍스트 마이닝 기술을 도입해 제품 리뷰 및 소비자 피드백에서 숨겨진 감정 키워드를 분석, 신규 제품 개발과 캠페인 톤에 반영하는 것으로 잘 알려져 있다. 예를 들어, '촉촉해서 좋아요'라는 단순한 문장 안에 담긴 '안정감', '편안함', '자신감' 같은 감정 키워드를 분류하여 이후 캠페인 톤과 신제품 디자인에 반영했다. 단순히 기능을 홍보하는 것이 아니라 '이 제품은 당신의 하루를 편안하게 만들어준다'는 감정 메시지를 강조한 것이다.

데이터는 고객의 감정을 보다 구조적으로 이해하도록 돕지만, 한계도 분명하다. 기억은 단순한 감정의 기록이 아니다. 그것은 시간이 지난 뒤에도 살아남는 감정의 '잔향'이며, 맥락과 경험이 함께 결합된 복합적인 구조다.

예를 들어, 일본의 애슬레저Athleisure 브랜드 오니츠카 타이거Onitsuka Tiger는 매년 개최하는 팝업 전시와 커뮤니티 이벤트를 통해 고객의 감정 경험을 적극적으로 기록한다. 행사에 참여한 고객들에게는 간단한 디지털 설문을 넘어 자신이 느낀 감정을 '단어', '그림', '짧은 에세이' 형태로 남기도록 유도한다. 이렇게 모인 데이터는 숫자가 아니라 브랜드가 읽어낼 수 있는 감정의 이야기집이 된다. 그 결과, 오니츠카 타이거는 특정 제품 라인업을 단순히 '스포츠 아이템'이 아니라 '도전과 자유를 상징하는 감정 아이콘'으로 포지셔닝할 수 있었다.

감정 데이터는 결국 감정 자체가 아니라 감정으로 향하는 지도map다. 모든 브랜드가 이 지도를 똑같이 읽는 것은 아니다. 어떤 브랜드는 데이터를 보고 즉각적인 할인이나 혜택으로 대응한다. 그러나 진정한 감정 중심 브랜드는 데이터를 이용해 고객의 감정 궤적을 추적하고, 그 흐름 위에 브랜드의 이야기를 자연스럽게 얹는다.

스타벅스는 고객의 위치 데이터, 날씨, 시간대, 주문 내역 등을 종합해 앱에 개인화된 제안을 띄운다. 예를 들어, 비 오는 오후에 '따뜻한 카페라떼 한 잔 어떠세요?'라는 문구가 뜨면 그 한 문장은 단순한 프로모션이 아니라 고객이 느끼는 순간적 감정에 깊게 스며든다. 이처럼 데이터는 고객의 '감정 순간'을 잡아내는 단서로 작동하며, 브랜드는 이 단서를 바탕으로 감정적 연결을 강화할 수 있다.

오니츠카 타이거

AI는 이제 단순히 숫자 데이터를 넘어서 얼굴 인식, 음성 감정 분석, 뇌파 측정, 웨어러블 디바이스를 통한 생체 반응 측정 등으로 확장되고 있다. 예를 들어, 스위스 명품 시계 브랜드 태그호이어TAG Heuer는 IBM과 세일즈포스Salesforce와 협력하여 고객 데이터를 분석하며 맞춤형 디지털 경험을 제공한다. 플래그십 스토어를 방문한 고객 행동과 감정을 바탕으로 개인화된 소통과 체험을 강화하는 전략을 추구하고 있다. 이는 고객에게 '브랜드가 나의 기분을 이해했다'는 감성적 경험을 각인시키는 전략이다.

AI와 데이터 분석은 브랜드가 고객의 감정과 기억을 더 깊이 이해하게 해주지만, 동시에 중요한 질문을 남긴다. '데이터는 어디까지 고객의 동의를 받고 수집해야 할까? 모든 감정을 수치화할 수 있는가? 감정이 지나치게 해석되어 오히려 진정성을 해치지는 않을까?' 브랜드가 잊지 말아야 할 것은 데이터는 감정을 보조하는 도구이지, 감정을 대신할 수 없다는 점이다. 진짜 감정은 설문 응답이나 알고리즘에서 완전히 읽어낼 수 없으며, 결국 고객 스스로가 '내 이야기'라고 느낄 때 비로소 형성된다.

AI 시대에 브랜드는 데이터라는 도구를 통해 감정의 결을 더 섬세하게 포착할 수 있다. 하지만 그 데이터가 진정한 기억으로 이어지려면 기술적 해석을 넘어선 인간적 공감과 스토리텔링이 함께 설계되어야 한다. 결국, 브랜드는 이렇게 물어야 한다. '우리는 데이터를 넘어 고객의 기억에 무엇을 남길 것인가?' 이 질문에 대한 답을 찾는 과정이야말로 AI 시대 브랜드가 진정한 감정 중심 존재로 거듭나는 길이다.

브랜드 경험, AI는 어디까지 바꿀 수 있을까?

고객 여정의 자동화와 맞춤화

과거 브랜드는 소비자의 '인지→관심→구매→충성도'의 단계로 이어지는 선형적 여정을 상정하고, 각 단계에서 일관된 메시지를 던지는 데 집중했다. 그러나 오늘날 고객 여정은 더 이상 예측 가능한 일직선 경로가 아니다. 고객은 웹사이트를 방문하다가 유튜브 리뷰를 보고, SNS에서 친구의 경험담을 본 뒤 다시 오프라인 매장으로 향하는 등 수많은 경로를 자유롭게 오가며 브랜드를 경험한다. 여기에 AI는 브랜드 경험의 정의 자체를 완전히 바꿔놓고 있다. 단순한 정보 제공이나 일방적 설득을 넘어 AI는 고객 여정 전체를 유기적으로 연결하고 무수한 미세 접점을 실시간으로 개인화하며 기억을 설계하는 역할을 수행한다.

AI는 데이터를 통해 브랜드를 정적인 개념에서 동적인 존재로 변화시켰다. AI가 구현하는 고객 여정의 핵심은 '연결성 connectivity'이다. 고객이 어떤 채널에서 접속하든, 어떤 기기를 사용하든 브랜드는 하나의 목소리와 일관된 태도로 고객을 맞이할 수 있게 되었다.

예를 들어, 삼성전자의 AI 기반 스마트싱스 SmartThings 생태계는 단순한 가전제품 연결을 넘어 사용자의 라이프스타일과 리듬을 실시간으로 파악하여 조명을 조절하고, 냉장고 속 식재료를 파악해 레시피를 추천하며, 아침 알람 음악까지 맞춤 설정한다. 고객은 이 경험을 통해 '삼성은 단순히 가전을 파는 브랜드가 아니라 나의 일상을 함께 관리해주는 파트너'로 느끼게 된다.

이러한 흐름은 기술 중심이 아니라 관계 중심으로의 전환을 의미한다. AI는 고객의 일상에 '깊이 스며들어' 존재감을 확장시키고 더 나아가 고객 스스로도 인식하지 못했던 욕구와 감정적 결핍을 채워주도록 설계된다.

과거 고객 여정은 구매가 끝나면 종료되는 구조였다. 그러나 AI는 이 경험을 무한 루프loop로 재설계한다. 한 번의 구매는 또 다른 추천과 개인화된 경험으로 이어지고, 그 경험은 다시 피드백 데이터로 활용되어 새로운 관계를 만들어낸다.

예를 들어, 아마존의 AI 기반 추천 알고리즘은 고객의 구매 히스토리, 검색 패턴, 클릭 로그까지 분석해 다음 구매를 자연스럽게 유도한다. 고객은 '알고리즘이 내 마음을 읽고 있다'는 감정을 느끼며, 마치 개인 쇼퍼personal shopper와 함께 쇼핑하는 듯한 경험을 하게 된다.

또 다른 예로, 프리미엄 뷰티 브랜드 '샤넬'은 AI 기반 앱 '립스캐너Lipscanner'를 통해 고객이 사진 속 컬러를 분석해 적합한 립 제품을 추천받도록 한다. 고객은 한 번의 가상 체험으로 끝나지 않고, 앱에 저장된 결과를 바탕으로 다른 제품을 탐색하거나 맞춤형 알림을 받으며 브랜드와의 관계를 이어간다.

AI 기반 고객 여정 자동화가 중요한 이유는 기술적 효율성 때문만이 아니다. 핵심은 감정에 기반한 개인화다. AI는 고객의 클릭, 구매, 반응 데이터를 분석할 뿐만 아니라 그 이면의 감정 상태까지 파악하려 한다.

예를 들어, AI가 분석한 데이터에 따르면, 특정 시점에 추천 알림을 받았을 때 긍정적 반응이 높은 고객과 그렇지 않은 고객 간에는 뚜렷한 감정적 패턴 차이가 존재한다. 이를 통해 브랜드는 '누구에게 언제 어떤 메시지를 보낼 것인가?'를 넘어 '어떻게 느끼도록 할 것인가?'까지 설계할 수 있다.

루이비통은 VIP 고객에게 AI가 분석한 선호 데이터를 바탕으로 프라이빗 전시회 초대장을 보낸다. 초대장의 톤, 디자인, 콘텐츠는 고객이 평소 선호하는 색감과 패턴, 라이프스타일 콘텐츠 취향까지 반영되어 제작된다. 이는 AI 기반 'LV 스타일 어드바이저Style Advisor' 등 개인화 서비스가 대표적이며, AI가 고객 특성을 면밀히 분석해 맞춤형 경험을 제공하여 '루이비통이 나를 정말 이해한다'는 감정적 충만감을 제공한다.

위: 샤넬 / 아래: 루이비통

AI는 고객의 여정을 단순히 자동화하는 것을 넘어서 개인의 리듬에 맞게 맞춤화된 시간을 설계한다. 기존에는 브랜드가 일방적으로 마케팅 타이밍을 결정했다면 AI 시대에는 고객의 일상 루틴, 활동 시간대, 심지어 계절과 날씨까지 고려한다.

예를 들어, 무신사는 비가 오는 날씨에는 방수 재킷을, 미세먼지가 심한 날에는 마스크와 클린 뷰티 제품을 추천한다. 주말 아침에는 '오늘 산책에 어울리는 룩'을 제안한다. 이와 같은 '리듬 맞춤'은 고객에게 브랜드가 자신의 삶을 함께 살아가는 동반자로 느껴지게 한다.

'AI는 브랜드 경험을 어디까지 바꿀 수 있을까?' 이 질문은 결국 세 가지 더 깊은 질문으로 나눌 수 있다.

- '우리는 고객의 어느 순간에 함께할 것인가?' 단순히 구매 순간이 아니라 아침을 준비할 때부터 저녁을 마무리할 때까지 브랜드는 고객의 감정적 곡선을 따라가야 한다.
- '우리는 고객의 어떤 감정을 설계할 것인가?' AI는 단순한 추천을 넘어 고객의 불안감을 줄이고, 기대감을 높이며, 소속감을 강화하는 감정 기반 설계를 목표로 해야 한다.
- '우리는 고객과 어떤 관계를 구축할 것인가?' 반복적 노출과 맞춤형 제안만으로는 부족하다. 고객과 '서로를 이해하는' 관계로 발전해야 진정한 충성도가 형성된다.

AI는 브랜드 경험을 선형적 흐름에서 벗어나 개인화된 기억과 감정의 여정으로 확장시킨다. 이제 브랜드는 단순한 판매자가 아니라 고객의 작은 순간에 기꺼이 개입하는 감정적 동반자가 되어야 한다. 기술은 점점 더 정교해지고 있지만, 결국 승부는 기술이 아니라 감정에 달려 있다. AI가 그려내는 브랜드 여정은 고객의 마음속에 '이 브랜드는 내 이야기를 기억한다'라는 강렬한 인상을 남기게 될 것이다.

감정
중심
마케팅,

AI가
더 잘할 수
있을까?

**감정 인식 및 예측을 통한
마케팅 혁신**

마케팅의 본질은 오래전부터 변하지 않았다. 그것은 '사람의 마음을 움직이는 일'이다. 그러나 사람의 마음을 정확히 읽고 움직이며 지속적으로 관계를 만들어가는 일은 언제나 쉽지 않다. 기존의 마케팅은 주로 설문조사·인터뷰·소셜 리스닝 등으로 소비자 감정을 간접적으로 파악하고, 그 결과를 바탕으로 캠페인을 설계했다. 이러한 방식은 큰 흐름을 읽는 데에는 효과적이었지만, 한 사람 한 사람의 감정의 결을 세밀하게 읽어내는 데에는 한계가 분명했다.

AI는 이제 단순히 데이터를 계산하는 도구가 아니라 감정이라는 복잡한 인간 신호를 읽고 예측하는 새로운 센서가 되고 있다. 이른바 '감정 컴퓨팅 Affective Computing' 기술은 얼굴 표정, 음성 톤, 문장 구조, 생체 데이터 등을 종합적으로 분석해 사용자의 감정 상태를 실시간으로 인식한다. 예를 들어, 한 사용자가 앱에서 불안감을 표현하는 단어를 쓰거나 음성 통화 중에 긴장된 억양을 보이면 AI는 이를 '불안' 혹은 '피로' 상태로 분류할 수 있다.

이러한 감정 데이터는 고객 경험을 더욱 정밀하게 개인화할 수 있는 결정적 도구가 된다. 고객이 느끼는 순간의 감정 상태를 기반으로 브랜드는 '언제', '어떤 방식으로', '어떤 메시지를' 전달할지를 실시간으로 조정할 수 있다.

AI 기반 감정 마케팅은 기존의 '설득 중심'에서 '공감 중심'으로 패러다임을 전환한다. 과거의 광고는 '이 제품을 사세요. 당신에게 필요합니다'라는 식의 일방적 설득이었다. 그러나 감정 기반 AI는 '당신이 지금 느끼는 감정에 공감합니다. 우리는 당신을 이해하고 돕고 싶습니다'라는 메시지를 전달한다.

예를 들어, 글로벌 뷰티 브랜드 에스티로더 Estée Lauder는 AI 기반 고객 뷰티 컨설팅 시스템에 감정 분석 기능을 도입했다. 고객이 업로드한 셀카 이미지에서 표정과 피부 상태를 종합적으로 분석해 '오늘은 피부가 예민해 보입니다. 진정 라인을 추천해드립니다.'라는 맞춤형 메시지를 전달한다.

이러한 방식은 단순히 제품을 추천하는 것을 넘어 소비자가 스스로를 돌보고 싶다는 내면의 욕구에 공감하도록 설계된다. 결국, 고객은 '이 브랜드는 나를 본다'라는 강렬한 심리적 친밀감을 느끼게 된다.

AI는 단순히 현재의 감정을 읽는 데서 멈추지 않는다. 머신러닝과 딥러닝 기술을 활용해 미래의 감정 상태를 예측할 수도 있다. 예를 들어, 미국의 패션 구독 서비스 스티치 픽스Stitch Fix는 고객의 과거 스타일 선택, 평가 피드백, 계절, 최근 트렌드 반응 등을 종합적으로 분석하여 다음 달에 고객이 어떤 색상과 패턴을 선호할지를 미리 예측한다. 이때 AI는 단순히 '취향'을 맞추는 것이 아니라 고객이 미래에 느낄 감정(예: 봄을 앞두고 설렘 또는 새로운 직장에 대한 긴장감)을 데이터로 계산한다. 이렇게 예측된 감정에 맞춰 스타일링 박스가 준비되면 고객은 '이건 내가 지금 필요로 하는 느낌이야'라는 깊은 만족과 감정적 동조를 경험한다.

감정 설계 혁신

AI가 감정을 읽고 예측할 수 있게 되면서 브랜드는 감정 설계 Emotional Design를 마케팅의 핵심 전략으로 삼을 수 있게 되었다. 이전에는 제품 기능과 스펙 중심으로 차별화를 시도했다면, 이제는 '이 브랜드는 나에게 어떤 감정을 만들어줄 수 있는가?'가 핵심 경쟁력이 된다. 특히 AI는 고객의 감정 상태를 실시간으로 추적하며 이를 반영해 마케팅 메시지, 제품 추천, 캠페인 흐름까지 재설계할 수 있다.

예를 들어, 랑콤Lancôme은 오랫동안 '럭셔리 뷰티'의 대명사로 자리해왔지만, 최근에는 AI 기술을 접목해 감정과 뷰티를 결합하는 혁신적인 시도를 이어가고 있다. 대표적인 예가 이-유스 파인더E-Youth Finder와 셰이드 파인더Shade Finder 서비스다. 이-유스 파인더는 카메라로 얼굴을 스캔해 피부 상태(수분, 탄력, 윤기 등)를 분석하고, 사용자의 기분과 생활 습관 데이터를 바탕으로 맞춤형 스킨케어 루틴을 설계한다. 셰이드 파인더는 AI가 고객의 얼굴 톤과 현재 기분(자신감, 우울감, 특별한 날 등)에 따라 어울리는 립 컬러나 파운데이션을 추천한다. 특히 랑콤은 소비자 설문과 실시간 인터뷰 데이터를 결합해 '오늘 어떤 기분인가요?'라는 질문을 던진다. 예를 들어, '자신감이 필요한 날'이라고 답하면 강렬한 레드나 핫핑크 계열의 립스틱을 제안하며 '스스로를 응원하는' 메시지를 함께 전한다. 이러한 맞춤형 감정 기반 제안은 단순한 색상 추천을 넘어 뷰티 제품을 '감정적 자기 연출 도구'로 승화시키는 전략이다. 소비자는 제품을 고르는 순간에도 마치 자신만의 작은 의식을 치르는 듯한 감정적 몰입을 경험한다.

이케아IKEA는 전통적으로 '저렴하고 실용적인 가구'로 유명했지만, 최근 몇 년간 감정 기반 AI 서비스를 강화하며 '집이라는 공간'을 재해석하고 있다. 이케아는 앱과 웹사이트에 AI 기반 맞춤형 제안 기능을 도입했다. 예를 들어, 사용자가 '봄 우울증'을 호소하거나 '겨울철 외로움'을 느낀다고 응답하면 AI는 '마음을 따뜻하게 해주는 집'이라는 테마 아래에 코지cozy 컬러의 담요, 푹신한 쿠션, 아늑한 조명, 향초 등을 추천한다.

이케아는 '기분 기반 홈퍼니싱Mood-based furnishing'을 표방하며 고객 설문과 행동 데이터를 결합해 '오늘의 집에 어울리는 감정'을 큐레이션한다. 예컨대, '마음이 가라앉는 계절'이라는 응답이

많아지는 11월~익년 2월에는 앱 알림으로 '당신의 겨울을 따뜻하게 지켜줄 아이템을 골라보세요'라는 메시지를 보낸다. 또한 AI는 과거 구매 이력과 평소 선호 스타일을 분석해 '부드러운 촉감', '따뜻한 빛깔' 등 감각적 요소까지 고려한 제품 셋을 자동 추천한다. 이러한 제안은 단순히 '이 제품을 사세요'를 넘어 고객의 생활 속 감정과 밀접하게 얽혀 있는 일상의 작은 의식ritual을 만들어준다. 소비자는 마치 AI가 자신을 다정하게 배려해주는 듯한 느낌을 받으며, 브랜드와 더욱 깊은 정서적 유대를 형성한다.

랑콤과 이케아는 전혀 다른 산업에 속해 있지만, 공통적으로 AI를 감정의 언어로 사용한다는 점에서 교차한다. 이들은 단순히 데이터를 분석하고 제품을 추천하는 데 그치지 않고, 고객의 삶의 리듬과 기분, 내면의 작은 진동까지 읽어내어 맞춤형 경험을 제공한다. 랑콤은 '자신감'이라는 키워드로 뷰티를 통한 자기표현과 감정적 회복을 설계한다. 이케아는 '따뜻함'과 '안정감'이라는 감정적 기초 위에서 집이라는 공간을 하나의 감정적 피난처로 전환한다.

'AI는 감정을 대체할 수 없다. 하지만 감정을 증폭시킬 수 있다.' 중요한 점은, AI가 감정을 '대체'하지 않는다는 것이다. AI는 감정의 주체가 아니라 감정을 증폭하고 지지하고 연결시키는 도구다. 고객의 감정은 여전히 인간만이 가지는 독자적인 영역이며, AI는 그 영역에 더 세밀하고 따뜻하게 다가갈 수 있는 다리를 놓는다. 많은 브랜드들이 AI를 단순히 '빅데이터 분석기'로만 활용하려 하지만, 진정한 혁신은 감정의 맥락과 흐름을 읽고 그것을 브랜드 스토리 안에 녹여내는 데 있다.

　브랜드는 AI 기술을 활용하며 스스로에게 다음과 같은 질문을 던져야 한다.

- 우리는 고객의 어떤 감정을 가장 중요하게 여기는가?
- AI가 감정 신호를 읽고 예측할 때 우리는 그것을 어떻게 해석해 감정 중심 경험으로 변환할 것인가?
- 브랜드가 전달하는 감정적 가치와 기술의 균형은 어떻게 설계할 것인가?

　이 질문에 대한 답을 중심에 두는 브랜드만이, 단순히 '기술에 의존하는 브랜드'가 아니라 '감정을 설계하는 브랜드'로 자리 잡을 수 있다.

　AI는 브랜드가 감정을 읽고 예측하며 맞춤화된 공감을 실시간으로 전달할 수 있도록 도와준다. 결국, 브랜드의 경쟁력은 더 이상 광고비나 제품 스펙에서 나오지 않는다. 앞으로의 브랜드는 '얼마나 인간의 마음에 깊이 들어갈 수 있는가? 얼마나 자연스럽게 감정을 함께할 수 있는가?'에 의해 결정된다.

　AI는 이제 감정의 언어를 번역하고, 감정의 맥락을 해석하며, 나아가 고객의 마음속 가장 부드러운 결에 손을 얹는 존재가 되어가고 있다. 그런 의미에서 AI는 브랜드 마케팅의 미래를 여는 도구이자, 동시에 인간적인 경험의 가치를 다시 일깨워주는 거울이 될 것이다.

브랜드,
더 이상 우리 뜻대로 될 수 없는가?

AI가 매개하는

브랜드-고객 상호작용

브랜드는 오랫동안 '자기중심적 화자'였다. 기업은 로고, 색상, 메시지, 심지어 소비자와의 대화 방식까지 세밀히 설계하며 철저하게 일관된 이미지를 구축하려 했다. 마케팅은 '통제'의 기술이었고, 브랜드 매뉴얼은 거의 성서처럼 절대적이었다. 철저한 통제와 매뉴얼 속에서 일관성을 강조하며, 소비자가 브랜드를 정확히 '받아들이도록' 설계했다. 하지만 AI는 이 판을 완전히 흔들고 있다.

　AI는 브랜드와 소비자 간의 상호작용을 예측 가능성에서 불확실성으로, 단방향에서 다층적 피드백 구조로 이동시켰다. 이제 브랜드는 더 이상 일방적으로 메시지를 던지고 소비자가 그것을 받아들이기를 바랄 수 없다. 오히려 소비자는 브랜드와의 상호작용을 통해 새로운 경험을 창조하고, 그 경험을 다시 사회적 네트워크 속에서 재해석하며 공유한다. 브랜드는 그 경험의 공동 설계자co-creator가 될 수밖에 없는 시대에 진입한 것이다.

AI가 브랜드 전략에 미치는 가장 큰 영향 중 하나는 바로 '통제력의 해체'다. AI는 소비자 데이터 분석과 예측을 통해 개별화된 경험을 제공할 뿐 아니라 소비자의 실시간 반응과 감정 상태까지 파악하며 상호작용을 조정한다. AI 기반 상호작용은 무한한 변주를 만들어낸다. 그러나 그 안에는 하나의 일관된 목표가 있다. 바로 '예측 가능한 감정'을 설계하는 것이다. 브랜드는 소비자가 브랜드와 상호작용하는 순간마다 '이 브랜드는 나를 이해하고 있다'는 감정을 느끼도록 해야 한다. 이 목표를 위해 AI는 소비자의 행동, 언어, 심지어 표정과 톤까지 분석하며 맞춤형 반응을 준비한다.

예를 들어, 아마존Amazon의 AI는 고객이 쇼핑 도중 느끼는 혼란과 피로를 분석하여 특정 순간 '이 카테고리를 탐색하는 데 도움이 필요한가요?'라는 인터랙션을 유도한다. 혹은 '추천 상품 리스트를 간소화해 보겠어요?'라는 질문을 던져 스트레스를 줄이고 몰입도를 높인다. 이 작은 개입이 결국 '아마존은 나를 위한 공간이다'라는 감정적 인식을 형성하게 된다.

패션 브랜드 자라ZARA는 AI 기반 디자인 도구와 실시간 판매 데이터를 결합하여, 매 시즌 고객 반응에 즉시 대응할 수 있는 초

신속 컬렉션 개발 방식을 도입했다. 소비자의 SNS 피드백과 온라인 리뷰, 매장 내 AI 피팅룸 데이터는 곧바로 디자인과 생산 프로세스에 반영된다. 이제 브랜드가 의도한 '정해진 컬렉션 스토리'는 점점 희미해지고, 고객과 함께 만들어가는 실험적 스타일이 브랜드의 주제가 된다.

또 다른 예로, 코카콜라Coca-Cola는 AI 기반 '크리에이티브 플랫폼'을 통해 소비자에게 직접 광고 카피와 이미지를 생성하도록 초대했다. 코카콜라는 더 이상 '완벽히 준비된 메시지'를 전달하는 것이 아니라 소비자가 자신의 창의성을 담아 브랜드를 재구성할 수 있도록 환경을 제공한다. 브랜드는 더 이상 무대의 주인공이 아니라 무대를 함께 꾸미는 연출자이자 관객이기도 한 복합적 존재가 되었다.

관계 설계의 재정의

브랜드 전문가 스콧 갤러웨이Scott Galloway는 칸 라이언즈 2023 세미나 및 인터뷰에서 "AI는 브랜드를 단순한 메시지 전달자가 아닌 실시간으로 진화하는 인터랙션 생태계의 일부로 만든다."라고 말했다. 실제로 AI는 이제 고객의 미세한 반응, 감정, 맥락을 읽어내고 즉시 대응하면서 브랜드가 더 인간적인 모습을 띠도록 돕는다.

AI 챗봇과 음성비서, 대화형 UI(사용자 인터페이스)User Interface의 등장은 브랜드-소비자 관계를 한층 더 개인적이고 몰입적인 대화로 전환시켰다. 또한 자동차 브랜드 BMW는 차량 내 AI 음성비서를 통해 운전자와의 감정적 상호작용을 확장하고 있다. AI는 운전자의 표정, 음성 톤, 주행 습관을 학습하며 스트레스를 감지하면 '휴식을 취하시겠어요?' 또는 '조금 느긋하게 음악을 틀어드릴까요?'와 같은 감정적 제안을 한다. 이는 단순한 기능적 조언을 넘어 브랜드를 '내 차'라는 기계적 객체가 아닌 '동행자'로 인식하게 만드는 경험이다.

국내 대표 패션 커머스 플랫폼 무신사 역시 AI를 활용해 브랜드-고객 상호작용을 혁신하고 있다. 무신사는 AI 기반 추천 엔진을 통해 단순한 상품 추천을 넘어 고객의 스타일 히스토리, 계절, 지역 트렌드까지 고려해 '오늘의 스타일링 제안'을 제공한다. 고객이 '나는 편하게 입고 싶은데, 트렌디함도 놓치고 싶지 않다'고 입력하면 AI는 카테고리별 코디, 인플루언서 스타일링 사례, SNS 인기 태그까지 종합 분석하여 개인화된 룩북을 자동 생성한다. 이 때 AI는 사용자 경험 피드백을 반영해 추천의 정교도를 지속적으로 높이며, 브랜드와 고객 사이에 일종의 '맞춤형 대화'를 만들어 낸다.

AI 상호작용의 시대에는 소비자가 브랜드를 '받아들이는 존재'에서 '해석하고 재창조하는 존재'로 변화한다. 소비자는 AI가 제안한 경험을 기반으로 새로운 콘텐츠를 제작하고, 개인화된 브랜드 이야기를 SNS에 공유하며, 나만의 해석과 감정을 얹어 브랜드를 다시 발화한다. 이러한 행동은 곧 또 다른 소비자의 브랜드 경험에 영향을 미치며, 브랜드는 무수히 많은 버전의 '공유된 기억'으로 확장된다.

브랜드 전문가 마티 뉴마이어는 "브랜드는 더 이상 기업이 통제하는 자산이 아니라 집단적으로 구성되는 사회적 맥락"이라고 강조한다. AI는 이 과정을 극대화하는 역할을 한다. 소비자의 개입은 단순한 참여를 넘어 브랜드의 본질적 의미와 정체성을 실시간으로 재구성하게 된다. 또한 브랜드 인터랙션 연구 전문가인 MIT 미디어랩의 로잘린드 피카드Rosalind Picard 교수는 이렇게 말했다.

"AI가 사람의 감정을 읽고 반응할 수 있다면, 브랜드는 더 이상 고정된 로고나 슬로건이 아니라 살아 있는 생명체처럼 소비자와 감정을 교환하게 된다. 이 감정 교환이 진정한 충성도를 만들어낸다."

이 인용은 AI가 단순히 도구적 기능을 넘어서 브랜드가 소비자와 정서적으로 연결되는 다리 역할을 수행한다는 점을 강조한다.

AI는 브랜드의 목소리를 더 부드럽게 만들고, 브랜드의 귀를 더 크게 연다. 정교화된 데이터 기반 상호작용은 고객과 브랜드 간의 정서적 거리를 좁히지만, 그만큼 브랜드의 의도는 불확실해지고 통제력은 줄어든다. 그러나 바로 이 점이 브랜드 전략의 새로운 기회가 된다. 이제 브랜드는 더 이상 '어떻게 통제할 것인가?'가 아니라 '어떻게 함께 이야기할 것인가?'를 고민해야 한다. 브랜드의 궁극적인 경쟁력은 '통제된 메시지'가 아니라 '공감적 네트워크' 안에서 지속적으로 재해석되는 살아 있는 이야기로 전환되고 있다.

이제 브랜드는 '우리 뜻대로 소비자가 따라오게 한다'는 오래된 관념을 버려야 한다. AI 시대의 브랜드는 통제의 상실을 '가능성의 확장'으로 바라봐야 한다. 브랜드는 고객이 참여하며 해석하고 재창조하는 이야기 속에서만 진정한 의미를 갖는다. 통제된 이미지와 메시지를 고집하기보다는 고객과 함께 경험을 만들어가며 즉흥적이고 유기적으로 변형되는 브랜드가 훨씬 강력한 생명력을 갖게 된다. 즉, 브랜드는 더 이상 '어떻게 전달할 것인가?'가 아니라 '어떻게 함께 만들어갈 것인가?'를 고민해야 하는 시대에 들어섰다. 이는 단순히 기술적 진보의 문제가 아니라, 브랜드 철학과 운영 방식 전반의 패러다임 전환을 요구한다.

관계와
감정,

AI가 설계하면 어떻게 다를까?

**AI로 구현되는
관계 중심 경험의 설계**

브랜드와 소비자 사이의 관계는 오랫동안 '충성도'와 '재구매율'이라는 숫자로만 평가되어왔다. 하지만 이제 그 관계는 단순한 지표가 아니라, 서로의 감정을 교환하며 함께 성장하는 '정서적 동반자'로 진화하고 있다. 그리고 이 진화의 중심에 AI가 있다.

AI는 브랜드가 소비자에게 단순히 상품을 판매하는 존재가 아니라, 일상을 함께 설계하고 감정을 교감하는 친구가 되도록 돕는다. 기존 마케팅 방식이 소비자를 한 방향으로 끌고 갔다면, AI 기반 관계 설계는 소비자와 브랜드가 함께 길을 만들어가는 여정에 가깝다.

대표적인 예가 디즈니Disney의 매직밴드 플러스MagicBand+다. 디즈니는 AI를 활용해 각 방문객의 동선, 취향, 리액션을 실시간으로 분석한다. 매직밴드는 단순한 티켓이나 결제 수단이 아니다. 한 어린이가 특정 놀이기구 앞에서 머뭇거릴 때, AI는 그 아이가 좋아할 만한 캐릭터 퍼레이드 알림을 손목 밴드에 진동과 함께 전달한다. 혹은 놀이기구에 들어가기 전에 '너의 모험을 준비했어! 용감한 친구가 되어줘!'라는 메시지를 띄워 아이의 감정을 고조시킨다.

이러한 맞춤형 인터랙션은 단순히 편리함을 넘어 '나만을 위한 이야기'라는 감정적 몰입을 유발한다. 디즈니는 이 기술을 통해 소비자를 단순 방문객에서 팬덤 공동체의 일원으로 이끈다. 고객은 디즈니를 브랜드가 아니라 '나와 대화하는 존재'로 인식하게 되는 것이다.

AI 동반자

또 하나의 사례는 일본의 소니SONY의 아이보Aibo 로봇이다. 아이보는 반려 로봇이다. 주인의 표정, 음성 톤, 일상 패턴을 학습하며 관계를 구축한다. 아이보는 매일 아침 주인에게 맞춤형 인사와 함께 그날의 날씨나 추천 활동을 알려준다. 예를 들어, 주인이 피곤한 목소리를 내면 '오늘은 무리하지 않고 쉬는 게 어떨까요?'라고 제안하기도 한다.

이러한 AI 기반의 감정 반응은 '디지털 감정 설계digital emotional design'라고 부르며, 소비자가 브랜드와 마주칠 때 '감정적 지문

emotional fingerprint'을 남기는 전략으로 발전하고 있다. 아이보가 단순히 로봇 강아지가 아니라 '감정적인 친구'로 기억되는 이유가 여기에 있다.

국내에서는 카카오가 AI 기반 감정 설계를 빠르게 발전시키고 있다. 카카오는 AI 챗봇과 카카오톡의 개인화된 서비스(예: 톡캘린더, 미니 프로필, 카카오 지갑)를 결합해 단순히 알림을 제공하는 것을 넘어 사용자의 일상 속에 감정적 존재감을 심는다. 예를 들어, 카카오 AI는 사용자가 과로로 인해 저녁 약속을 자주 취소하면 '오늘은 일찍 쉬시는 게 좋을 것 같아요'라는 메시지를 보낸다. 이 메시지는 단순한 기능적 알림을 넘어 사용자의 상태를 '읽어주는' 감정적 반응으로 작동한다. 결과적으로 소비자는 카카오를 단순한 앱이 아닌, 작은 상담자이자 일상의 동반자로 인식하게 된다.

MIT 미디어랩에서 감정 컴퓨팅을 연구하는 로잘린드 피카드 교수는 다음과 같이 말한다.

"브랜드가 AI를 통해 감정을 설계한다는 것은 곧 소비자와의 관계를 재창조한다는 의미다. 기술이 단순히 정보를 전달하던 시대에서, 이제는 감정을 이해하고 공감하며 연결을 강화하는 도구로 진화한 것이다. 궁극적으로 소비자가 원하는 것은 '나를 이해해주는 브랜드'이지, '나를 설득하려는 브랜드'가 아니다."

이 말은 기술이 인간화될 때, 브랜드가 감정 중심 관계 설계자로 진화할 수 있음을 시사한다.

덴마크의 레고LEGO는 전통적인 완구 브랜드를 넘어 감정 기반 커뮤니티 플랫폼으로 확장하고 있다. 레고는 전 세계 팬들이 만든 창작물을 공유하고, AI가 이를 분석해 추천과 피드백을 주는 '레고 아이디어스LEGO Ideas' 플랫폼을 운영한다. 1만 명 이상의 투표를 받을 경우 정식 제품으로 출시한다. 나사NASA 위성, 세서미 스트리트Sesame Street, BTS 디오라마Diorama 세트 등 팬이 제안한 제품이 실제 글로벌 판매로 이어지며, 제안자는 제품 박스에 이름이 실리는 '공동 제작자'가 된다.

이 구조는 레고라는 브랜드가 단순히 블록을 파는 것이 아니라 '우리의 상상력을 함께 현실로 만든 기억을 남기고 있다'는 점에서 브랜드 기억의 감정적 서사 구조를 대표적으로 보여주는 사례다. 예를 들어, 한 어린이가 만든 우주선 작품에 '너의 디자인은 모험심이 가득해! 다른 우주 팬들도 좋아할 거야!'라는 AI 피드백을 받으면, 그 경험은 단순히 장난감을 조립하는 행위가 아니라 '창의적 자아를 인정받는 감정 경험'으로 변환된다.

AI는 이 데이터를 통해 유사한 창작 활동을 즐기는 글로벌 팬을 연결해주고, 커뮤니티 내 새로운 챌린지를 제안한다. 이로써 레고는 단순한 완구 브랜드를 넘어 '함께 창작하는 감정 공동체' 커뮤니티로 남게 된다.

AI가 만드는 관계 중심 경험은 아래와 같은 질문에 답하며 설계된다.

- 소비자의 감정 리듬을 어떻게 이해할 것인가?
- 어떻게 기술을 '따뜻한 언어'로 바꿀 것인가?

- 소비자가 자신의 스토리를 확장할 수 있도록 어떻게 초대할 것인가?

　결국, AI가 설계한 관계 중심 경험은 브랜드가 단순히 소비를 유도하는 기능을 넘어 소비자가 브랜드와 함께 자신의 감정과 서사를 만들어가는 '동반자적 여정'을 실현한다. 브랜드는 이제 소비자를 바라보며 이런 질문을 한다.
　'우리는 기술로 당신을 팔로우할까요, 아니면 감정으로 함께 걸어갈까요?'

기술,
브랜드의
본질까지
삼킬 것인가?

AI와 인간 감정의

조화와 균형

AI가 점점 더 많은 영역을 대체하면서 우리는 한 가지 중요한 질문을 던지게 된다.

'기술은 결국 브랜드의 본질까지 삼킬 것인가, 아니면 그 속에서도 감정은 여전히 살아남을 것인가?'

과거 브랜드는 제품과 서비스를 넘어 인간의 감정과 깊게 맞닿아 있었다. 좋은 브랜드는 소비자의 내면에 진한 정서적 흔적을 남겼다. 하지만 AI 기술이 감정 분석, 예측, 설계를 능숙하게 수행하게 되면서 많은 마케터와 경영자들은 감정의 본질이 기술에 의해 희석될 위험성을 우려한다. 오늘날 많은 브랜드가 AI 챗봇, 자동화된 추천, 개인화된 알림 등을 활용한다. 이는 편리함과 효율성을 극대화하기 위한 움직임이다. 그러나 이 속도와 편리함은 때로 감정의 미묘한 결을 덮어버린다.

아마존과 같은 글로벌 전자상거래 플랫폼은 AI를 기반으로 초개인화 추천 시스템을 정교하게 발전시켰다. 아마존은 고객의 구매 이력, 검색 기록, 심지어 페이지 체류 시간까지 종합적으로 분석하여 가장 '적합한' 상품을 제안한다. 물론 이는 구매 전환율을 높이고 고객의 탐색 피로도를 낮추는 데 크게 기여한다. 하지만 이 경험은 종종 '정확하지만 차갑다'는 인상을 남긴다. 고객이 느끼는 만족감은 순간적일 수 있지만, '나를 이해해주는 브랜드'라는 감정적 연결 고리는 약해진다. 결국, 기술이 주도한 효율성이 기억의 여운을 대신할 수는 없다. 그 경험은 종종 차갑고 기능적이며, 고객을 마치 '데이터 덩어리'처럼 느끼게 만든다. 이것이 기술이 감정의 본질을 삼킬 때 벌어지는 일이다.

여기에 반기를 든 브랜드가 있다. 이러한 기술 중심적 경험과 달리 일본의 츠타야 서점Tsutaya Bookstore과 다이칸야마 티-사이트代官山 T-SITE는 AI 기술을 감정의 매개체로 재해석한 대표적 사례다. 츠타야는 고객의 구매 패턴, 읽은 책의 장르, 관심 있는 테마 등을 기반으로 AI가 책을 추천한다. 하지만 이 추천은 단순한 리스트 제공이 아니다. 예를 들어, '새로운 도전이 필요할 때 읽으면 좋은 책'이나 '겨울밤에 따뜻한 차 한 잔과 어울리는 책'과 같은 큐레이션 문구가 함께 제시된다. 게다가, 츠타야 내부 카페 공간에서는 추천받은 책과 어울리는 음악 플레이리스트 그리고 계절

츠타야 서점

별 한정 메뉴를 함께 경험할 수 있도록 연출된다. 이는 단순한 쇼핑이 아니라 책을 매개로 한 감정적 여정을 설계하는 것이며, 고객은 '이 서점이 나의 기분을 이해해준다'는 느낌을 받게 된다. 츠타야 관계자는 인터뷰에서 "우리는 기술을 단순히 판매 도구로 보지 않는다. AI는 고객이 새로운 감정을 탐색할 수 있는 동반자이자 감정적 풍경을 확장시키는 다리다."라고 밝혔다.

MIT 미디어랩에서 감정 인터페이스를 연구하는 히로시 이시 Hiroshi Ishii 교수는 이렇게 말했다.

"기술은 차갑게 느껴질 수밖에 없지만, 그것을 감정의 전달 매개체로 사용할 때 비로소 인간 중심 기술Human-Centered Technology이 된다. AI는 인간의 감정을 닮을 수는 없지만, 그 감정을 존중하고 증폭시키는 도구가 될 수 있다."

이 발언은 오늘날 브랜드가 AI를 어떻게 다뤄야 하는지를 잘 보여준다. AI는 감정을 대신 설계할 수는 없지만, 감정을 담아내는 공간이 될 수 있다.

국내 식품 브랜드 오뚜기는 AI 기술을 통해 '따뜻한 한 끼'라는 브랜드 가치를 더 섬세하게 전달하고 있다. 오뚜기의 AI 기반 요리 어시스턴트는 고객의 건강 데이터(체중, 활동량 등)와 기분 상태(예: '오늘 기운이 없다', '스트레스가 많다' 등)를 결합하여 메뉴를 추천한다. 예를 들어, '오늘은 비가 오고 기분이 가라앉았네요. 따끈한 김치찌개와 잡곡밥으로 몸과 마음을 달래보는 건 어떨까요?'라는 식의 제안이 전달된다. 또한 오뚜기는 해당 레시피와 어울리는 배경음악, 심지어 향초 추천까지 함께 제공하며, '한 끼

식사'를 넘어선 감정 중심의 경험을 설계한다. 고객은 '단순히 배를 채운다'는 느낌을 넘어 '나를 위해 정성껏 차려주는 식탁에 앉은 기분'을 느끼게 된다. 오뚜기 R&D팀의 인터뷰 내용에 따르면 "AI가 제안하는 메뉴는 단순히 영양학적 균형을 맞추는 데 그치지 않는다. 고객의 하루를 감정적으로 감싸주는 따뜻한 제안이 될 수 있도록 디자인하고 있다."라고 한다.

패션 플랫폼 무신사는 AI 기반 가상 피팅룸을 도입하며 고객 경험의 감정적 측면을 강조하고 있다. 무신사 AI 피팅룸은 고객의 체형 데이터를 분석하고, 취향과 스타일 선호도를 기반으로 '어울리는 룩'을 실시간으로 추천한다. 예를 들어, '오늘은 모임이 있으니, 세련되고 여유 있는 느낌의 오버핏 재킷은 어떨까요?'라는 식으로 고객의 상황과 감정 상태를 반영해 제안한다. 더 나아가, AI는 피팅룸 경험 후 고객의 피드백을 분석해 추천 알고리즘을 점점 더 개인화된 감정 기반으로 발전시킨다. 고객은 '이 브랜드가 내 일상을 응원한다'는 감정을 느끼며, 단순한 쇼핑 이상의 관계적 경험을 하게 된다.

브랜드는 AI를 통해 정교한 예측과 맞춤형 서비스를 실현할 수 있지만, 그 과정에서 감정적 결을 잃지 않는 것이 핵심 과제다. MIT 미디어랩의 감정 AI 연구자 로잘린드 피카드 교수는 인터뷰에서 이렇게 강조했다.

"AI는 감정을 모사할 수 있지만, 그것을 만들어낼 수는 없다. AI가 해야 할 일은 감정을 정확히 읽어내는 것이 아니라, 그 감정을 존중하고 증폭시키는 것이다."

이 말은 기술과 감정의 관계를 바라보는 가장 중요한 시선을 담고 있다. AI는 감정을 대신할 수 없으며, 감정은 여전히 브랜드의 본질적 자산이다.

기술은 무대 위의 주인공이 아니라 무대 뒤에서 조명을 조절하고 배경을 세팅하며 무대를 더 빛나게 만드는 연출자에 가깝다. AI는 브랜드의 본질을 대신할 수 없으며, 본질을 강화하거나 확장하는 역할에 머물러야 한다. 만약 기술이 브랜드의 본질을 넘어설 때면 소비자는 브랜드가 제공하는 경험을 '기계적 서비스'로 느끼게 된다. 이는 브랜드가 쌓아온 감정 자산을 한순간에 무너뜨리는 위험한 길이다. 기술은 때로 차갑게 느껴지지만, 그 기술을 따뜻한 감정의 무대 위에 세우는 것이 브랜드의 역할이다. 기술을 연출자로 삼아 감정이라는 배우가 무대 위에서 빛날 수 있도록 돕는 것, 이것이야말로 AI 시대의 브랜드가 추구해야 할 진정한 균형이다.

브랜드는 기술과 감정 사이에서 균형을 찾아야 한다. 이를 위해 다음과 같은 질문을 스스로 던져야 한다.

- 우리는 기술을 통해 어떤 감정을 증폭시키고 있는가?
- 소비자는 이 기술을 따뜻함으로 기억할까, 아니면 차가움으로 기억할까?
- 기술을 통해 강화되는 우리의 본질은 무엇인가?

이러한 자문은 브랜드가 AI를 도입할 때 단순히 효율성과 데이터 정확성만을 좇지 않도록 돕는다.

기술은 언제든 더 빠르고 더 정확해질 수 있다. 하지만 소비자의 기억에 남는 것은 기술이 아닌 그 안에 담긴 감정이다. 마지막에 남는 한 문장은 이렇게 정리될 수 있다.

'기술은 브랜드의 본질을 삼킬 수도, 감정을 살릴 수도 있다. 결국 선택은 브랜드의 몫이며, 감정은 그 브랜드가 남긴 가장 깊은 발자국이다.'

감정 컴퓨팅, 브랜드에 감정을 불어넣을 수 있을까?

감정 컴퓨팅이 브랜드 해석에 미치는 영향

'AI가 사람의 마음을 읽을 수 있을까?'

이 질문은 단순한 호기심을 넘어 브랜드의 미래 전략과 직결된 철학적 문제다. 기술이 발전하면서 사람들은 점점 더 많은 데이터를 AI에게 내어주고 있다. 얼굴 표정, 목소리 떨림, 손짓, 심지어 눈동자 움직임까지…. 이 모든 것이 이제는 감정의 데이터로 변환된다. 이 기술을 감정 컴퓨팅이라고 부른다.

MIT 미디어랩의 로잘린드 피카드 교수가 1990년대에 처음 제안한 이 개념은, 단순히 감정을 '모방'하는 단계를 넘어 감정을 '이해'하고 '예측'하려는 시도로 진화하고 있다. 그는 한 인터뷰에서 이렇게 말했다.

"AI는 감정을 읽을 수는 있지만, 그것을 스스로 창조할 수는 없다. AI가 할 일은 감정을 정확히 흉내 내는 것이 아니라, 감정을 존중하고 증폭시키는 일이다."

이 한 문장은 브랜드가 AI를 어떻게 바라봐야 하는지를 명확히 보여준다. 브랜드는 기술을 통해 사람의 감정을 조종하거나 설계하려 하기보다는 감정을 정확히 이해하고 더 깊이 공감하는 존재가 되어야 한다는 것이다.

감정 컴퓨팅의 가장 대표적인 기술 중 하나는 '얼굴 표정 분석'이다. MIT 랩에서 스핀오프spin-off한 인공지능 스타트업 어펙티바Affectiva는 사람의 표정과 미세 근육 움직임을 실시간으로 분석해 행복, 놀람, 슬픔, 혐오 등 20가지 이상의 감정 상태를 추정한다. 이 기술은 이미 글로벌 자동차 기업들의 운전자 모니터링 시스템에 활용되고 있다.

예컨대, 현대자동차는 운전자의 얼굴을 실시간으로 분석해 졸음·분노·긴장 등을 감지하고, 차량 내부 환경(조명, 음악, 온도 등)을 자동으로 조정하는 감성 피드백 시스템을 시험 도입 중이다. 이뿐만이 아니다. 마이크로소프트의 애저 이모션Azure Emotion API(애플리케이션 프로그래밍 인터페이스)Application Programming Interface는 카메라를 통해 감정 데이터를 읽어 CRM(고객 관계 관리)Customer Relationship Management 시스템과 연동할 수 있도록 설계되었다. 대면 상담 시 고객의 미묘한 표정 변화를 감지해 상담사의 태도를 실시간으로 조정하거나 디지털 매장에서 디스플레이가 자동으로 추천 콘텐츠를 변경하는 등 새로운 형태의 감정 기반 인터랙션이 가능해졌다.

일본의 츠타야 서점은 단순히 책을 파는 공간을 넘어 감정 경험의 실험실로 변모하고 있다. 츠타야는 특정 시간대 방문자의 동선, 책 고르는 속도, 책장을 넘기는 손가락 움직임, 퇴장 전 머무는 코너 등을 데이터화해 '고객의 마음 습도感情湿度'를 측정한다. 예컨대 비 오는 날 오후, 감성 소설 코너에 오래 머문 방문객에게는 심리적으로 안정감을 주는 조명을 강화하거나 매장 내 음악을 더 부드럽게 조정한다. 이런 미세한 감정 설계는 츠타야가 '책을 파는 곳'이 아니라 '감정을 살리는 곳'이라는 인식을 심어준다.

비슷한 시도로, 일본 화장품 브랜드 시세이도Shiseido는 AI 감정 진단 서비스를 출시했다. 고객이 터치패드에 손을 올리면 미세한 땀 분비량과 피부 전기 반응을 측정해 '오늘의 감정 점수'를 제시하고, 이를 기반으로 그날 추천하는 립스틱 컬러나 향수를 맞춤 제안한다. '오늘의 나를 위한 컬러'라는 문구는 단순히 개인화 수준을 넘어서 감정을 매개로 한 관계 설계로 확장된다.

그렇다면 오늘날의 브랜드는 어떻게 이 감정과 AI를 결합해 더 깊은 몰입과 기억을 설계하고 있을까? 공간에 감정 컴퓨팅이 접목된다면 하는 상상을 해본다.

블루보틀Blue Bottle Coffee은 '느림'이라는 감정 언어로 브랜드를 구축했다. 대부분의 커피 전문점이 빠르고 효율적인 서비스에 집중할 때, 블루보틀은 고객이 커피를 기다리는 그 시간을 감각적 경험으로 전환했다. 커피 추출 과정을 투명하게 보여주는 오픈 바는 단순한 무대가 아니라 고객의 참여를 유도하는 의식의 공간이다. 물방울 소리, 원두 향, 바리스타의 움직임…. 모든 요소가 감정적 경험을 강화하기 위해 세심하게 설계된다.

AI 감정 컴퓨팅이 접목된다면, 예를 들어 고객의 얼굴 표정과 음성을 분석해 '오늘의 기분'을 읽고, 그에 맞는 커피 원두 혹은 추출 방식을 추천할 수 있다. 혹은 고객이 오랜 시간 고민하며 고른 원두에 대해 '오늘 이 원두는 부드럽고 깊이 있는 달콤함을 담고 있어요. 오늘 같은 날씨와 정말 잘 어울립니다.'라는 식의 문장을 자동으로 제안할 수도 있다. 이러한 설계는 커피 한 잔을 '기능적 음료'가 아니라 하루를 감정적으로 디자인하는 도구로 승화시킨다. 블루보틀은 결국 커피 자체보다 '기다림과 대화, 사색의 순간'을 판매하는 브랜드로 진화한다.

브랜드가 AI를 통해 이루고자 하는 것은 단순한 정확도가 아니다. 핵심은 공감 지수Empathy Index를 어떻게 높이느냐에 있다. 최근 IBM 연구소는 'AI가 고객 만족도를 높이는 핵심은 공감 지수이며, 이는 데이터 정확성보다 감정 예측과 적절한 대응 타이밍이 더 중요하다'고 분석했다. 브랜드가 고객의 감정을 실시간으로 읽어낼 수 있더라도, 만약 그 피드백이 기계적으로 느껴진다면 오히려 반감만 키울 수 있다. 공감 지수는 단순히 AI 알고리즘의 정확도가 아니라 '인간과 같은 공감의 결'을 유지하는 브랜드 태도에서 비롯된다.

'정밀한 감정'과 '부드러운 실수'의 균형

스웨덴의 전자기기 브랜드 방앤올룹슨Bang & Olufsen은 AI 스피커에 감정 컴퓨팅 알고리즘을 접목했다. 사용자가 음악을 재생할 때의 표정, 음성 톤, 리모컨 터치 패턴을 종합 분석해 '오늘 당신에게 가장 어울리는 사운드 프로파일'을 제안한다. 그런데 흥미로운 점은, 이 브랜드가 일부러 약간의 '부드러운 실수'를 허용한다는 점이다. AI가 모든 요청을 즉각적으로 완벽히 처리하기보다는, '오늘은 이런 곡도 들어보는 게 어떨까요?'와 같이 다소 모호하고 인간적인 제안을 삽입한다. 이는 소비자가 AI와의 상호작용에서 느끼는 '너무 기계적인 정확함'에 대한 거부감을 최소화하고, 오히려 공감적 유대감을 높이는 전략이다.

하버드 비즈니스스쿨의 레베카 헨더슨Rebecca Henderson 교수는 최근 이렇게 말했다.

"브랜드가 AI 기술을 도입할 때 가장 경계해야 할 것은 '정확한 감정 분석' 그 자체가 아니라, 그 분석이 전하는 메시지의 인간성이다. 브랜드는 AI를 통해 감정의 거울을 설치하는 것이 아니라, 감정의 정원을 가꾸어야 한다."

이 말은 기술에 의존한 표면적인 감정 분석이 아니라, 소비자와의 진정한 감정 교류를 중심에 두어야 한다는 점을 강조한다. 그는 실제로 한 연구에서, AI 기반 감정 분석 기능을 장착한 브랜드 서비스와 인간 상담원이 진행하는 서비스의 만족도를 비교했다. 놀랍게도 AI 서비스가 더 높은 만족도를 기록했다. 다만, 이 만족도의 핵심 조건은 '부드럽고 예측 가능한 인간적 언어 톤'이었다.

뱅앤올룹슨

감정 컴퓨팅은 이제 단순히 얼굴 인식 기술이나 음성 분석의 차원을 넘어 브랜드 언어의 재해석 도구가 되고 있다. 브랜드가 감정의 데이터를 어떻게 읽고, 어떤 스토리로 재구성해, 어떤 순간에 어떤 말투로 전달할 것인지…. 이 모든 것이 새로운 경쟁력이다.

일본의 편집형 문구 브랜드 카키모리Kakimori는 주문 제작 만년필 서비스에서 고객의 사연과 감정을 AI가 분석해 만년필 각인 문구를 추천한다. '졸업을 앞둔 당신에게', '첫 출근을 준비하는 친구에게' 같은 제안은 단순한 상품 추천을 넘어 소비자가 자신의 감정을 다시 정의하게 만든다.

'브랜드가 어떻게 살아남고 지속 가능한 가치를 만들어갈 것인가?'에 대한 물음은, 오늘날 급변하는 기술 환경과 소비자 심리의 변화 속에서 매우 본질적인 화두가 되고 있다. 앞으로의 브랜드는 더 이상 단순히 고객의 감정을 '읽어내는 존재'에 머물지 않고, 그 감정을 존중하고 포용하며 나아가 새로운 감정을 함께 창조해내는 '정서적 큐레이터Emotional Curator'로 진화해야 한다. 감정 컴퓨팅은 이제 기술의 종착점이 아니라 진정한 감정 설계 여정의 출발점으로 자리 잡고 있다.

AI가 중요한 것은 단순히 사람의 마음을 얼마나 정밀하고 정확하게 '해석'하느냐에 있지 않다. 오히려 그 해석을 통해 브랜드가 어떻게 소비자의 내면을 품고, 감성적 공명을 일으키며, 의미 있는 대화를 이어가느냐에 진정한 미래가 달려 있다는 점이 핵심이다. 이는 브랜드가 기술과 감성을 통합하여 '감정의 생태계'를 형성하고, 고객과 상호작용을 통해 함께 성장하는 파트너로 거듭나야 한다는 뜻이기도 하다.

MIT 미디어랩의 로잘린드 피카드 교수는 이 맥락에서 "AI는 사람을 단순히 이해하기 위해 태어난 것이 아니라, 사람과 함께 더 깊고 풍부한 이야기를 만들어가기 위해 존재한다."라고 다시 한 번 명확히 강조했다. 이 말은 AI가 지향해야 할 본질이 '정확성'이라는 기계적 기준을 넘어 '관계의 창조'에 있음을 일깨운다. 결국 브랜드의 미래는 기술과 인간 감정이 유기적으로 어우러진 서사 구조 속에서 완성될 것이며, AI는 그 서사의 마지막 퍼즐을 채우는 중요한 매개체이자 동반자가 될 것이다.

그렇다면 AI가 진정한 '감정 설계자'가 될 수 있을까? 아니면 감정은 여전히 인간만이 빚어낼 수 있는 고유한 예술 영역으로 남을까? 이 질문에 대한 답은 단순한 기술적 완성도를 넘어서 브랜드가 얼마나 깊이 있는 감정을 설계하고 그 경험을 통해 소비자가 어떤 기억과 의미를 만들어내느냐에 달려 있다. 감정은 기계가 모방하거나 재현할 수 없는, 문화적 맥락과 개인의 내러티브가 얽힌 복합적 예술임이 분명하지만, AI가 그 여정에 함께 참여하며 감정의 폭과 깊이를 확장하는 역할을 할 수 있다는 점도 부인할 수 없다.

따라서 앞으로의 브랜드는 AI 기술을 단순히 도구로 활용하는 것을 넘어 '감정을 섬세하게 다루고, 지속적으로 가꾸는 감정적 소통'의 주체로 거듭나야 한다. 이는 브랜드가 고객의 감정을 '분석'하는 데서 끝나는 것이 아니라 그 감정을 '돌보고', '함께 구축하며', '변화시켜 나가는' 종합적인 감성 관리자로서의 역할을 의미한다. 결국 브랜드의 차별화는 고객과의 관계에서 감정이 어떻게 설계되고 기억되는지 그리고 그 감정이 시간과 공간을 넘어 지속 가능한 가치를 창출하는 데 얼마만큼 기여하는가에 의해 결정될 것이다.

실시간 해석,

브랜드는 고객을 얼마나 빠르게 이해할 수 있을까?

AI 기반
실시간 피드백 루프

오늘날 브랜드가 성공적으로 살아남고 지속 가능한 성장을 이루려면 단순히 일방적으로 메시지를 '전달'하거나 '보여주는 존재'에 머무르는 것을 넘어 소비자와 시장의 목소리를 진심으로 '듣고' 이에 민첩하게 대응하는 '듣는 존재'로 거듭나야 한다.

 세스 고딘Seth Godin은 이러한 전환이 브랜드의 미래를 좌우하는 결정적 요인임을 강조하며, 브랜드가 진정한 의미에서 고객과 상호작용하는 '실시간 인터랙티브 생태계'로 진화해야 함을 역설한다. 브랜드가 '보여주는 존재'에 그칠 때는 소비자와의 관계가 단선적이고 피상적이기 쉽다. 광고, 로고, 패키징 등 브랜드가 설계한 메시지를 단순 노출하는 방식은 이제 정보 과잉과 소비자 분산 시대에 큰 힘을 발휘하기 어렵다. 반면, '듣는 존재'로서의 브랜드는 고객의 다채로운 경험과 감정, 반응을 세심하게 관찰하고 해석하여 그에 기반한 맞춤형 대응과 의미 있는 대화를 창출함으로써 깊은 신뢰와 충성도를 구축한다.

세스 고딘은 브랜드 관리에 있어 '총체적 접근holistic brand management'의 중요성을 강조한다. 이는 브랜드가 고객과 만나는 모든 접점―온라인과 오프라인, 제품 사용 경험, 소셜 미디어 상의 대화, 고객 서비스 등―에서 끊임없이 피드백을 받아들여 학습하고, 이를 브랜드 전략과 커뮤니케이션에 신속히 반영하는 능력을 의미한다. 더 나아가 브랜드는 소비자의 목소리를 단순히 수집하는 데 그치지 않고, 그 속에 담긴 맥락과 감정을 이해하여 브랜드 메시지와 경험을 계속 재구성하고 진화시키는 '감정적 큐레이터'로서의 역할을 수행해야 한다.

이 과정에서 AI, 빅데이터, 감정 컴퓨팅 등의 첨단 기술이 중요한 도구로 자리 잡고 있다. 세스 고딘이 말하는 '듣는 존재'란 기술이 단순히 데이터 수집에 머무르지 않고, 고객 감정과 행동의 미묘한 지점을 읽어내어 브랜드가 실시간으로 고객과의 진정성 있는 관계를 형성하고 강화하는 역량을 뜻한다. 이러한 방향성은 브랜드가 '기능'이나 '디자인'만이 아닌 '스토리'와 '가치', '공감'을 통해 고객 삶의 일부가 되고자 하는 현대 소비자 심리에 정확히 부합한다.

결국, 세스 고딘이 밝힌 바와 같이 "브랜드의 미래는 고객의 목소리를 경청하는 능력에 달려 있다."고 할 때, 이는 단순한 소통을 넘어 고객과 함께 브랜드 경험을 공동으로 창조·재설계하는 능력을 의미한다. 이로써 브랜드는 끊임없이 변화하는 시장 환경 속에서 진화하며, 고객과 깊이 연결된 '살아 있는 존재'로 자리매김할 수 있다.

과거의 브랜드는 설문조사, 포커스 그룹 인터뷰, 연간 만족도 조사 등의 느린 도구로 고객의 목소리를 '수집'했다. 하지만 오늘날 AI는 이 과정을 실시간으로, 그것도 놀라울 정도로 정교하게 분석할 수 있도록 만든다. 바로 '실시간 피드백 루프Real-time Feedback Loop'의 시대가 열린 것이다. 고객은 매 순간 새로운 맥락과 감정을 갖고 브랜드를 만난다. 같은 제품이라도 아침에 느끼는 감정과 저녁에 느끼는 감정은 다르다. 브랜드가 이 다층적인 감정 신호를 실시간으로 해석하고 대응할 수 있을 때, 진정한 신뢰가 쌓인다. 실시간 해석은 단순히 데이터를 빠르게 수집하는 것이 아니다. 그 속에는 고객의 무의식적 행동 패턴, 미묘한 기분 변화, 순간적 욕구와 불안까지 포착하고 이를 해석하는 고도화된 감정 데이터 분석 기술이 담겨 있다.

글로벌 뷰티 리테일러 세포라Sephora는 AI 기반 실시간 피드백 기술을 가장 선도적으로 적용하고 있는 브랜드 중 하나다. 세포라의 AI 시스템은 온라인과 오프라인에서 고객의 표정, 시선, 터치 속도, 검색 기록 등 방대한 데이터를 통합 분석한다. 예를 들어, 고객이 오프라인 매장에서 립스틱을 시연하는 동안 매장 내 AI 카메라는 미세한 표정 변화를 감지해 '호감', '망설임', '의심'

등 감정 상태를 분류한다. 이 데이터는 즉시 매장 직원의 모바일 기기로 전달되어 직원이 맞춤형 대화를 시도할 수 있도록 지원한다. '혹시 조금 더 따뜻한 톤을 찾고 계신가요?'와 같은 한 문장은 고객의 마음을 읽고 있다는 느낌을 준다. 온라인에서도 이 기술은 작동한다. 세포라 앱은 고객이 특정 제품 페이지에 머무르는 시간, 스크롤 속도, 확대 빈도를 분석해 '이 고객이 가장 고민하는 요소'를 실시간으로 파악한다. 그 결과, 제품 비교·톤별 추천·사용 후기를 바로 노출해 전환을 유도한다.

이케아는 단순히 가구를 파는 브랜드가 아니라 '삶의 공간'을 제안하는 브랜드로 발전했다. 최근 이케아는 AI와 감정 인식 카메라를 결합한 매장 내 '무드 룸 Mood Room' 시스템을 시범 도입했다. 고객이 매장에 들어서면 카메라는 방문객의 얼굴 표정, 동작 패턴, 심지어 호흡 리듬까지 감지한다. 이를 통해 '오늘의 감정 지수'를 산출하고, 고객에게 가장 어울리는 공간 스타일과 가구 배치를 제안한다. 예를 들어, 기운이 가라앉은 고객에게는 편안함과 따뜻함을 강조한 우드 톤 인테리어와 부드러운 조명이 포함된 공간을 보여준다. 흥분 상태로 나타난 고객에게는 개방적이고 역동적인 컬러 조합의 거실 구성을 추천한다. 실시간 해석을 통해 이케아는 단순한 쇼핑 공간을 넘어 감정 맞춤형 '체험 공간'으로 브랜드를 진화시키고 있다.

스포티파이 Spotify는 단순한 음악 스트리밍 플랫폼이 아니다. 이들은 '실시간 감정 피드백'을 기반으로 한 '감정 큐레이션 브랜드' 전략을 강화하고 있다. 예를 들어, 사용자가 출근길에 듣는 음악의 리듬과 볼륨 조절 빈도, 스킵 횟수를 분석해 사용자의 현재 기분을 파악한다. 이 데이터를 기반으로 '출근길 스트레스 해소', '잔잔한 오후 집중', '저녁 감성 산책' 등 맞춤형 재생 목록을 실시간으로 추천한다. 더 나아가, 스포티파이는 최근 AI 기반 음성 분석 기술을 시험 적용해 사용자가 AI 어시스턴트에게 '기분이 좀 다운돼'라고 말하면 즉시 '감정 회복'을 위한 선곡을 제공하도록 개발하고 있다.

서강대학교 경영대학원 김용진 교수는 다음과 같이 강조했다.
"브랜드는 더 이상 제품이나 서비스를 일방적으로 제공하는 존재가 아니다. 실시간 해석은 고객의 '심리적 실시간 지문'을 읽는 기술이다. 고객이 무의식적으로 느끼는 불안, 기대, 심지어 일상의 미묘한 스트레스까지 실시간으로 읽어내는 능력이 곧 브랜드 충성도의 핵심이 될 것이다."

실시간 피드백 루프는 고객이 브랜드에 대한 피드백을 기다리지 않아도 된다. 브랜드가 먼저 감정과 행동을 읽고, 필요한 순간에 개입하며 감정적 울림을 준다. 결과적으로 고객은 브랜드와의 상호작용을 '관계'로 받아들이고, 충성도는 자연스럽게 상승한다.

실시간 해석 시스템 구축 전략

브랜드가 고객 피드백 루프를 실시간으로 운영하려면, 다음과 같은 4단계 시스템 구축 전략이 필요하다.

1. **감정 데이터 수집 포인트 설정**
   - 고객 리뷰, 응대 기록, 커뮤니티 언급, SNS 댓글, 이탈 페이지 등
   - 정성적 콘텐츠 중심으로 '감정이 투영된 반응'을 수집
2. **자연어 기반 감정 분석 모델 구축**
   - 오픈소스(예: 버트BERT, 코버트KoBERT 기반 한국어 감성 분석 모델) 또는 SaaS(서비스형 소프트웨어)Software as a Service 도입
   - 브랜드 특화 감정 어휘사전 구축(예: 깔끔하다=긍정 UX 신호)
3. **해석-조정 연결 매뉴얼 설계**
   - 감정 신호별 대응 로직 설계(예: 부정 감정 리뷰→진정성 기반 메시지 자동 제안)
   - 알림/UI/챗봇/이메일에 실시간 반영 가능한 콘텐츠 매핑
4. **조정 효과에 대한 정서 피드백 추적**
   - 조정된 경험 이후 고객 반응 변화 추적
   - 반복 학습으로 해석-조정 모델의 정밀도 향상

감정 리뷰를 실시간으로 해석하는 브랜드 배달의민족은 고객이 남긴 리뷰를 단순히 '좋다/나쁘다'로 나누지 않는다. 단어의 뉘앙스, 문장의 감정 톤, 이모티콘, 후기 길이, 피드백 반응 시간 등 다양한 데이터를 AI가 실시간으로 분석하고 고객 응대와 앱 인터페이스 개선에 반영하고 있다. 예를 들어, '음식은 맛있었는데 배달이 조금 늦었어요. :)'라는 리뷰는 이성적 불만보다 정서적 배려를 기대하는 피드백이다. 배달의민족은 이런 감정적 신호를 단순한 불만 처리 시스템이 아닌 브랜드 태도의 정서적 교정

장치로 활용하고 있다.

에어비앤비Airbnb는 고객의 후기뿐 아니라 호스트의 응답 속도와 톤, 게스트의 체류 평가 그리고 지역 커뮤니티 반응까지 실시간으로 분석하여 브랜드의 신뢰 구조를 설계하고 있다. 이 후기 데이터는 단지 숙소 선택의 기준이 아니라 브랜드가 얼마나 신뢰 가능한 감정 경험을 제공하고 있는가를 판단하는 핵심 신호로 작용한다. 게스트는 리뷰 속에서 '이 호스트는 나를 환영해줬다'는 정서적 언어를 읽고, 브랜드 전체에 대한 감정적 신뢰를 형성하게 된다. 에어비앤비는 후기 하나하나를 브랜드 감정의 거울로 보고, 그 안에서 읽어낸 감정을 다시 서비스 개선, 운영 정책, 커뮤니케이션 전략에 되돌려 반영한다. 이것이 바로 신뢰를 축적하는 브랜드의 피드백 루프다.

브랜드가 고객에게 말하는 메시지보다 고객이 브랜드에 남긴 말이 더 오래, 더 넓게, 더 진정성 있게 퍼져 나간다. 브랜드는 그 말에 응답할 준비가 되어 있어야 하며, 단지 응답하는 것이 아니라 그 감정을 제대로 해석하고 의미를 반영하며 다시 감정으로 돌아가는 루프를 완성해야 한다. AI는 이 루프를 실시간으로 연결하고, 브랜드는 그 루프를 정서적으로 설계해야 한다.

브랜드 전략은 이제 '감정 기반 피드백 루프'로 재설계되어야 한다. 기존의 정형화된 고객 여정은 사전 설계된 흐름에 고객을 맞추는 방식이었다. 그러나 감정 기반 브랜드는 고객의 반응에 따라 실시간으로 여정을 '다시 쓰는' 브랜드다. '이탈했으니 리마케팅하자'가 아니라 '왜 이탈했는지를 감정적으로 해석하고, 다

위: 스포티파이 / 아래: 호주에 오픈한 젠틀몬스터 매장

음에 어떤 말투로 다시 말을 걸지 고민하는 것'이 진짜 피드백 루프 전략이다.

실시간 해석 기술은 강력한 무기이지만, 동시에 윤리적 딜레마를 수반한다. 고객의 감정을 지나치게 분석하거나 예측하는 과정에서 '감정 착취emotional exploitation'의 우려가 제기된다. 예를 들어, 아마존은 이미 실시간 감정 해석을 통한 판매 유도 기술을 연구하고 있다. 그러나 감정 데이터의 과도한 활용은 프라이버시 침해 및 신뢰 저하로 이어질 수 있다.

하버드 비즈니스스쿨의 마케팅 교수 헬렌 니센바움Helen Nissenbaum은 말한다.

"실시간 해석 기술은 결국 '감정 신뢰 자산'을 구축하는 문제다. 고객에게 감정 데이터 수집과 활용 목적을 투명하게 알리고, 스스로 선택할 수 있는 옵션을 제공해야 한다. 브랜드는 단순히 기술을 잘 쓰는 조직이 아니라, 신뢰를 설계하는 조직이 되어야 한다."

전시와 공간으로 감정을 해석하게 만드는 브랜드 젠틀몬스터Gentle Monster는 안경을 판매하는 브랜드이지만, 매장은 언제나 예측 불가능한 전시로 공간을 구성한다. 고객은 제품을 '고르기 위해' 방문하는 것이 아니라 매장을 '경험하기 위해' 방문하게 되며, 그 안에서 브랜드가 무엇을 말하고 있는지를 자신만의 방식으로 해석하게 된다. 공간의 조형물, 조명, 음악, 움직이는 오브제들은 말보다 더 정교한 언어로 고객의 감정을 자극한다. 젠틀몬스터는 직접 설명하지 않되 해석의 구조는 세밀하게 설계한 브랜드다. 결국 고객은 이 브랜드를 단지 '패션 아이템 판매자'가 아니라 '감정적 미학을 경험하게 하는 감각적 스토리텔러'로 해석하게 된다.

무신사는 감정적으로 기억되는 브랜드 언어를 철저하게 설계하는 브랜드다. 제품 상세 페이지의 말투, 푸시 알림, 배송 박스에 적힌 문구까지 모든 접점에서 '무신사 어휘'가 살아 있다. '힙하다', '놀 듯이 쇼핑하라', '오늘도 스타일 있게'와 같은 표현은 무신사가 고객과 어떤 관계를 맺고 싶은지를 감정적 말투로 드러낸 결과다. 이처럼 무신사는 브랜드 언어를 단지 기능적 안내가 아니라 해석 가능한 문화의 언어로 전환시켜 브랜드 정체성을 강화하고 있다.

템버린즈Tamburins는 향기를 통한 감각적 체험을 핵심으로 하며, 향수를 단순한 제품 이상으로 '감정을 담아내는 예술적 공간'으로 확장한다. 템버린즈 매장은 자연과 예술, 감성이 어우러진 공간 디자인과 함께 각 향수가 전달하는 감정을 시각적, 촉각적 요소로 표현해 고객에게 몰입형 경험을 제공한다. 브랜드는 향기와 공간 그리고 고객의 감성을 유기적으로 연결하여, 향수를 '기억과 감정을 불러일으키는 매개체'로 만들고, 고객이 자신만의 감정적 스토리를 브랜드와 함께 재창조하도록 유도한다. 템버린즈 역시 감정을 해석하고 경험하게 하는 '감각적 스토리텔러'로서 자리매김하며, 감각과 감성의 미학을 공간과 제품에 응축시킨 브랜드로 해석된다.

이렇게 젠틀몬스터, 무신사, 템버린즈는 각기 다른 제품군을 통해 소비자가 브랜드를 일방적으로 소비하는 것이 아니라, 감정을 적극적으로 해석하고 공유하며 브랜드와 함께 만들어가는 경험적 주체로 바라보게 하는 전략을 실현한다. 이들 브랜드는 감정적 스토리텔링과 공간·언어·감각을 통합해 브랜드 정체성을 심화시키며, 고객과의 감정적 연결을 강화하는 '감성적 큐레이터' 역할을 탁월하게 수행하고 있다.

해석은 브랜드의 또 다른 '설계'다. 젠틀몬스터와 무신사, 템버린즈는 모두 고객에게 강요하지 않는다. 하지만 그들이 경험하고, 느끼고, 해석하게 되는 구조는 브랜드가 철저히 의도하고 연출한 정서적 설계의 결과다. 브랜드가 해석의 주도권을 쥔다는 것은 정보를 통제하는 것이 아니라, 감정이 흘러가는 방향을 설계하는 일이다. '브랜드가 어떻게 해석되기를 원하는가?' 그 질문에 대한 답은 공간, 언어, 리듬, 말투, 색감, 어휘처럼 비언어적 감정의 언어로 설계되어야만 한다.

실시간 해석의 궁극적인 목표는 고객이 '감정적으로 안전하다'고 느끼는 환경을 만드는 것이다. 앞으로는 단순히 감정을 해석하고 추천을 제공하는 수준을 넘어, 고객이 '자신의 감정을 브랜드에게 맡기고 싶다'고 느끼는 단계까지 발전해야 한다. 예를 들어, 향후에는 AI가 고객의 피로도를 감지하고 '오늘은 디지털 알림을 줄이고 쉬어가세요'라는 제안을 하거나, 브랜드가 먼저 고객의 휴식이나 회복을 권유하는 모습이 일반화될 수 있다. 이는 단순한 개인화 추천을 넘어 감정 기반 웰니스 케어로써 브랜드의 진화 방향을 보여준다.

실시간 피드백 루프는 브랜드와 고객 관계의 새로운 패러다임이다. 브랜드는 더 이상 결과를 예측하기 위해 데이터만을 수집하는 것이 아니라, 고객의 일상 속에서 '감정적 파트너'로 자리 잡고 있다. 결국, 브랜드의 미래는 기술이 아니라 감정이다. AI는 그 감정을 실시간으로 읽고, 이해하고, 존중하며, 가장 필요한 순간에 따뜻하게 다가갈 수 있도록 돕는 동반자가 될 것이다.

브랜드 윤리,
AI 시대에 어디까지 지킬 수 있을까?

**데이터 활용, 프라이버시,
윤리적 브랜드 운영**

'데이터는 새로운 석유다.'

　이 유명한 말은 2011년 영국의 매체 〈이코노미스트〉에서 처음 등장했다. 10년이 지난 지금, 이 문장은 그저 기술 혁신을 찬양하는 구호가 아니라 브랜드와 소비자가 마주한 윤리적 고민의 핵심 질문으로 진화했다. AI가 실시간으로 고객의 행동, 심지어 감정까지 분석하는 시대다. 브랜드는 이 방대한 데이터를 어떻게 어디까지 사용할 수 있을까? 고객의 데이터는 브랜드에게 더 정교한 맞춤형 경험을 설계하는 열쇠가 되지만, 동시에 브랜드가 넘어서는 안 될 윤리적 경계선을 시험하는 무거운 무기가 된다.

MIT 미디어랩의 사회적 책임 연구자 사샤 코스타Sasha Costa는 이렇게 말다.

"데이터는 기술의 산물이 아니라 신뢰의 결과물이다. 브랜드가 고객의 신뢰를 얻지 못한다면, 데이터는 그 어떤 혁신도 지탱할 수 없다."

과거 브랜드는 광고의 정확성, 품질 보증, 서비스 친절도로 신뢰를 구축했다. 그러나 AI 시대의 브랜드는 '데이터를 어떻게 다루는가?'가 신뢰의 가장 중요한 기준으로 자리 잡았다. 이제 브랜드는 데이터와 감정 정보를 단순히 '활용'하는 조직이 아니라 '보호하고 존중하는' 조직이 되어야 한다.

애플은 '개인정보 보호'를 브랜드 가치의 핵심으로 삼았다. 아이폰 광고에서 "What happens on your iPhone, stays on your iPhone(당신의 아이폰에서 일어난 일들은 당신의 아이폰에만 머무른다)."이라는 슬로건은 단순한 마케팅 문구가 아니라 철학적 선언이다. 애플은 사용자의 얼굴 데이터를 클라우드 서버가 아니라 기기 내에서만 처리하도록 설계했다. 또한 앱 추적 투명성App Tracking Transparency 기능을 통해 사용자가 앱의 데이터 수집 여부를 직접 결정할 수 있도록 했다. 이는 수많은 광고주와 데이터를 활용하는 다른 기업에게는 불편한 장벽이었지만, 사용자에게는 '신뢰 자산'을 쌓는 결정적 요소가 되었다. 애플은 브랜드 충성도를 강화하기 위해 기능이나 디자인이 아닌 윤리와 신뢰라는 '비가시적 가치'를 최우선에 두었다. 오늘날 사용자들이 애플을 선택하는 이유는 단순히 혁신적인 기술 때문이 아니라 자신들의 데이터와 프라이버시가 '존중받는다'는 확신 때문이다.

　메신저 앱 시그널Signal은 '당신의 데이터는 우리의 것이 아니다'라는 슬로건을 내세운다. 시그널은 메타(구 페이스북) 산하의 왓츠앱WhatsApp과 달리, 대화 내용을 저장하거나 메타데이터를 활용하지 않는다. 심지어 시그널 서버는 사용자의 연락처조차 저장하지 않으며, 메시지는 종단 간 암호화end-to-end encryption로 보호된다. 이러한 철저한 보호 기조는 기술적으로 더 큰 비용과 복잡성을 수반하지만, 브랜드의 신뢰를 극적으로 끌어올렸다. 시그널의 사용자는 보안과 프라이버시를 위해 기꺼이 불편을 감수하며, 그 불편조차 브랜드의 '진정성'으로 인식한다.

　국내 기업 중 SK텔레콤은 AI 서비스 'A.(에이닷)'을 통해 AI 윤리 강령을 실천하고 있다. SKT는 고객 데이터 활용 시 '최소한의 데이터만 수집', '목적 외 사용 금지', '투명한 설명과 선택권 제공'이라는 원칙을 선언했다. 특히 AI 서비스 이용 중 고객이 직접 데이터 삭제를 요청할 수 있도록 한 점은 국내외 IT 기업들 중에서도 선도적인 시도로 평가받는다. 이러한 조치는 단순한 법적 준수 차원을 넘어 SKT가 '고객의 감정과 데이터를 존중하는 브랜드'로 자리매김하는 핵심 동력이 되었다.

　하버드 케네디스쿨(HKS)의 디지털 거버넌스 전문가 제임스 해리스James Harris는 이렇게 강조한다.

　"AI와 데이터 활용의 기술적 속도가 매년 비약적으로 증가하지만, 윤리적 프레임워크는 여전히 걸음마 단계에 머물러 있다. 브랜드는 법적 최소 기준을 충족하는 것에서 멈춰서는 안 된다.

브랜드의 정체성은 '우리는 이 데이터를 어떻게 다룰 것인가?'라는 질문에 대한 답으로 정의된다."

이 말은 브랜드가 AI와 데이터를 다루는 방식이 단순히 '옵션'이 아니라 기업의 존재 이유와 정체성을 결정짓는 핵심 요소라는 점을 잘 보여준다.

AI 시대에 브랜드는 고객의 '감정 데이터'를 수집한다. 예를 들어, 한 뷰티 앱이 사용자의 피부 톤과 표정을 분석해 컨디션을 파악하거나, 한 커피 체인 앱이 결제 속도와 방문 패턴을 분석해 감정 상태를 추론할 수 있다. 감정 데이터는 단순한 구매 데이터보다 훨씬 민감하고, 개인의 내밀한 심리를 담고 있다. 이 데이터를 투명하게 처리하지 않는다면, 브랜드는 순식간에 신뢰를 잃게 된다. 스타벅스는 최근 감정 기반 추천 서비스를 실험하며 '당신의 오늘 하루를 응원하는 한 잔'이라는 메시지를 제안하고 있지만, 그 데이터가 어떻게 수집되고 저장되는지에 대한 투명성 확보가 중요 과제로 떠오르고 있다.

하버드 케네디스쿨의 AI·디지털 거버넌스 연구와 국제 AI 윤리 문헌에 따르면, 기술 발전의 속도를 윤리적 프레임워크가 따라가지 못하는 '격차'가 존재한다. 기술이 혜택과 위험을 동시에 낳는다면, 브랜드는 이 둘을 균형 있게 설계해야 한다. 제임스 해리스 등 하버드 케네디스쿨 전문가들은 이런 맥락에서 다음과 같이 강조한다.

"AI와 데이터 활용 기술은 급격히 발전하지만, 윤리적 프레임워크는 여전히 초기 단계에 머물러 있다. 브랜드의 정체성은 데이터를 어떻게 다룰 것인가에 대한 조직의 선택과 실행에서 드러난다."

윤리적 브랜드 운영의 세 가지 핵심 질문은 이렇다.

1. **고객은 자신의 데이터가 어떻게 활용되는지 알고 있는가?**
   - 단순한 약관 동의가 아니라 쉽고 직관적인 방식으로 정보가 전달되고 있는지 점검해야 한다.
2. **데이터 수집은 최소한으로 이루어지고 있는가?**
   - '있으면 좋겠다'는 정보까지 무분별하게 수집하기보다는 반드시 필요한 데이터만을 선별해야 한다.
3. **고객은 언제든 데이터 활용을 거부하거나 삭제할 수 있는가?**
   - 브랜드가 고객의 자율성을 보장하는 것이야말로 가장 강력한 윤리적 행동이다.

브랜드가 AI를 통해 고객의 마음을 더 깊이 이해할 수 있게 되었지만, 동시에 그 마음을 존중하는 '감정적 신뢰'가 필요하다. 오늘날 소비자는 단순히 브랜드가 편리한 경험을 제공하는지를 넘어 '이 브랜드는 내 감정을 소중히 여기고 있는가? 나의 데이터를 존중하고 보호하는가?'를 기준으로 선택한다. 감정적 신뢰는 단순한 기술적 보안 조치를 넘어선다. 이것은 고객의 자율성, 사생활, 존엄성을 존중하는 윤리적 실천이며 브랜드 정체성의 핵심 자산으로 작용한다.

AI 시대의 브랜드 운영에서 윤리는 더 이상 '선택 가능한 전략'이 아니다. 그것은 브랜드의 본질이며, 미래를 설계하는 뼈대다. 브랜드가 고객의 데이터를 다루는 방식은 결국 브랜드가 고객과 어떤 관계를 맺고 싶은지에 대한 대답이다. 애플, 시그널, SKT 등은 이미 이 질문에 윤리로 답하며 신뢰를 가장 강력한 무기로 전환하고 있다. '윤리는 느리지만, 가장 멀리 간다.' 이 말은 이제 기술을 선도하는 브랜드가 반드시 새겨야 할 경구다.

3

AI 기반 브랜드 전략의 설계

AI, 브랜드 전략가가 된다면?

전략 수립에서
AI의 역할

'AI가 브랜드 전략을 짠다고?' 수십 년간 브랜드 전략은 인간 전략가의 독점적 영역이었다. 비즈니스스쿨의 케이스 스터디, 수많은 워크숍, 고가의 컨설팅과 리서치…. 이 모든 것은 '사람'의 감각과 통찰에 의존한 결과물이었다. 하지만 AI는 이제 단순한 분석 도구를 넘어 전략의 설계자strategist로 자리 잡기 시작했다. 데이터 분석에 그치지 않고 브랜드 철학을 해석하고 목표 고객의 심리 변화를 예측하며, 더 나아가 브랜드 미래를 설계하는 역할까지 수행한다.

전통적으로 브랜드 전략가는 다음과 같은 질문에 답해왔다.

- 우리는 누구인가?
- 왜 존재하는가?
- 누구에게 어떤 가치를 어떻게 전달할 것인가?'

AI가 전략가가 될 수 있다는 것은 이 철학적 질문에 데이터 기반의 정교한 시뮬레이션과 예측을 결합할 수 있다는 뜻이다. 여기에 AI의 진짜 힘이 있다.

구체적으로, AI는 크게 세 가지 영역에서 전략가 역할을 수행할 수 있다.

1. 고객 심리의 실시간 해석

- AI는 고객의 구매 패턴, 디지털 행동, 심지어 SNS 감정 분석까지 통합해 '고객의 심리 맵'을 실시간으로 생성할 수 있다. 예를 들어, 자라ZARA는 전 세계 매장의 POS(판매 시점 정보 관리)Point of Sales 데이터, 온라인 검색 및 클릭 데이터, 소셜미디어 트렌드를 결합한 AI 분석을 통해 시즌별 제품 기획과 매장 전략을 즉각 수정한다. AI가 추천하는 새로운 디자인이나 스타일은 단순히 트렌드에 맞춘 것이 아니다. 고객의 무의식적 욕망과 감정 흐름을 예측하고, 그 흐름을 구체적인 제품 전략에 반영한 결과물이다.

2. 경쟁사 및 시장 환경에 대한 예측적 통찰

- AI는 단순히 내부 데이터만 보는 것이 아니다. 실시간 경쟁사 모니터링, 글로벌 경제 지표, 지역별 소비 트렌드, 규제 변

화를 모두 분석해 미래 전략의 시나리오를 만든다. 예를 들어, 샤넬은 AI 기반 글로벌 시장 분석을 통해 지역별 컬렉션과 캠페인 일정을 맞춤화하고 있다. 중국 소비자층의 미묘한 취향 변화, 유럽 시장에서의 지속 가능한 패션 트렌드 부상, 미국 시장에서의 '조용한 럭셔리' 흐름 등을 AI가 사전에 분석하고, 이를 전략에 반영한다. 샤넬이 여전히 고급스러운 동시에 지역별 정서에 맞춘 '콘텍스트 적합성'을 유지할 수 있는 이유가 여기에 있다.

3. **실시간 전략 시뮬레이션과 자동화된 의사결정**

- AI는 '만약 A를 선택하면, 고객 반응은 어떻게 바뀔까?'라는 시뮬레이션을 수천만 번 수행할 수 있다. 예를 들어, 글로벌 홈 인테리어 브랜드 이케아는 AI 기반 공급망 시뮬레이션을 통해 새로운 컬렉션 출시 시 고객 기대, 물류 흐름, 생산 가능성까지 통합 평가한다. AI는 각 시뮬레이션 결과에 따라 전략적 제안을 자동으로 도출하며, 실무자들은 이 결과를 기반으로 감정적·철학적 결정을 내린다. 즉, AI는 '전략가의 뇌'를 대신하는 것이 아니라, 전략가의 통찰을 보완하는 '예측 뇌'를 제공한다.

하버드 비즈니스스쿨의 교수 카림 라카니 Karim Lakhani 등은 AI가 빅데이터 속 감정과 복잡한 정보를 분석해 기업 전략과 혁신을 주도할 수 있음을 연구 및 강의에서 설명하고 있다.

"AI는 계산 기계라고만 생각하기 쉽지만, 데이터 속에는 고객의 감정이 들어 있다. AI가 전략가가 될 때 중요한 것은, 인간이 다 해석할 수 없던 '감정 데이터'를 구조화하고 시각화하며 새로운 전략적 인사이트를 창출하는 것이다."

AI는 단순히 '숫자'를 계산하는 것이 아니라, 데이터 속에 숨어 있는 '감정의 결'을 읽어내어 전략적 언어로 번역한다. 이때 인간 전략가는 AI의 분석을 받아들이면서 동시에 인간적 직관과 윤리적 판단을 결합해야 한다.

나이키Nike는 2022년부터 'Nike Create with AI'라는 실험적 디자인 랩을 운영하며, 소비자 데이터를 기반으로 한 제품 디자인과 브랜드 전략을 실시간으로 반영하고 있다. 이 랩은 AI가 글로벌 SNS 해시태그, 운동 기록 앱 데이터, 피트니스 커뮤니티 대화 등에서 수집한 데이터를 통합 분석해 '새로운 운동 라이프스타일' 패턴을 발견한다. 이를 바탕으로 디자인 콘셉트와 마케팅 메시지를 자동 제안한다. 가장 흥미로운 점은, 나이키가 이 결과를 공개 피드백 플랫폼에 게시하여 소비자들이 실시간으로 투표하고 의견을 달 수 있도록 했다는 점이다. 이러한 '공유 설계 경험'은 전략 수립을 단순한 '브랜드 내부 결정'에서 '고객과의 협력적 창작'으로 바꾼다.

AI가 전략가로서 기능할 때 가장 중요한 점은 '윤리적 경계'다. 고객의 데이터를 무한히 활용할 수 있는 능력이 있다고 해서, 무한히 사용해야 하는 것은 아니다. 앞서 애플과 시그널 사례에서 보았듯이 데이터 활용은 신뢰를 기반으로 한 브랜드 철학의 문제다. AI는 기술적으로 완벽에 가까운 개인화 전략을 설계할 수 있지만, 브랜드는 그 설계가 고객의 자유와 감정을 어떻게 존중하는지를 우선적으로 고려해야 한다.

이제 브랜드는 전략적 설계에서 AI를 단순한 '보조자'로 볼 것이냐, 아니면 '공동 설계자'로 받아들일 것이냐의 기로에 서 있다. AI는 브랜드의 속도를 비약적으로 끌어올리고, 감정 기반 데이터를 통해 전에 없던 깊이의 전략적 시뮬레이션을 가능케 한다. 그러나 마지막 퍼즐 조각은 결국 인간의 손에 달려 있다. AI가 아무리 전략을 제안해도, 브랜드는 '우리는 누구이며, 어떤 감정과 가치를 지향할 것인가?'라는 궁극의 질문에 스스로 답해야 한다.

브랜드의 존재 이유,

AI는 어떻게 해석할까?

브랜드 '의도'의
데이터화 및 감정화

'당신의 브랜드는 왜 존재하는가?' 이 질문에 단 한 문장으로 대답할 수 없다면, 그 브랜드는 아직 '기억될 준비'가 되어 있지 않은 것이다. 브랜드 전략은 단순히 '무엇을 팔 것인가?'에 대한 고민이 아니다. 그것은 '우리는 왜 존재하는가?', '고객과 세상에 어떤 감정을 남기고 싶은가?', '세상을 어떻게 바꾸고 싶은가?'라는 질문에 대한 철학적 답변에서 출발한다. 이것이 바로 브랜드의 '의도intent'다. 의도는 브랜드의 존재 이유, 태도, 행동 그리고 모든 커뮤니케이션을 이끄는 감정적 나침반이다. 브랜드 의도가 명확할 때, 고객은 그 브랜드를 단순한 상표가 아니라 '하나의 살아 있는 존재'처럼 인식하게 된다.

많은 브랜드가 여전히 '무엇을 제공할 것인가?'에 몰두한다. 하지만 소비자는 더 이상 단순한 기능이나 상품을 소비하지 않는다. 그들은 브랜드의 철학과 태도를 구매하고, 그 안에서 감정적 공명을 찾는다.

이케아는 단순히 가구를 판매하지 않는다. '모든 사람을 위한 더 좋은 일상생활을 만든다'는 의도를 중심으로 브랜드가 설계되어 있다. 이는 제품 디자인부터 매장 동선, 광고 메시지, 심지어 자사 카페 메뉴 구성까지 일관되게 반영된다.

파타고니아Patagonia는 '우리는 지구를 구하기 위해 존재한다'라는 강력한 의도를 내세워 환경보호를 위한 제품 설계, 리사이클 정책 그리고 사회적 활동까지 모두 연결한다. 이러한 의도는 단순한 마케팅 슬로건이 아니라 고객의 감정과 관계를 구축하는 감정적 언어다.

AI는 브랜드의 의도를 단순한 텍스트나 디자인 요소로 해석하지 않는다. AI는 데이터를 통해 의도의 감정적 뉘앙스를 구체화하고, 다양한 접점에서 고객 경험으로 실현한다. 뉴욕대 경영대학원 마케팅 교수 스콧 갤러웨이는 인터뷰에서 이렇게 말한다.

"브랜드의 의도는 더 이상 파워포인트 속 문장이 아니다. AI는 그 의도를 고객의 매 순간 경험 속에 스며들게 만드는 '감정 증폭기' 역할을 한다."

예를 들어, AI는 브랜드 의도를 다음과 같은 방식으로 데이터화하고 감정화한다.

1. **데이터를 통한 감정 신호 수집**
- 고객의 SNS 게시물, 검색 기록, 행동 데이터 등에서 감정 패턴과 주제를 식별
- 예: 파타고니아는 SNS와 고객 피드백 데이터를 통해 '죄책감 없는 소비'라는 감정 흐름을 파악하고, 이에 맞는 캠페인과 제품 라인업을 지속적으로 조정

2. **의도에 맞는 맞춤형 메시지 설계**
- AI는 고객의 심리 맥락을 고려해 각 접점에서 전달될 메시지를 설계
- 예: 이케아는 AI가 분석한 지역별 라이프스타일 데이터를 기반으로 도시별 캠페인 언어와 이미지 톤을 조정

3. **개별 경험의 감정화**
- AI는 개별 고객의 감정 데이터를 실시간으로 반영해 제품 추천과 서비스를 개인화
- 예: 시세이도는 AI 스킨 분석기를 통해 고객의 피부 상태와 감정 상태를 분석하고, 감정에 맞는 케어 솔루션을 추천

AI는 이제 '기능'만이 아니라 '감정'을 설계할 수 있는 수준에 이르렀다. 그러나 중요한 것은, 의도가 철학적으로 일관되지 않으면 AI는 오히려 감정적 신뢰를 해치는 결과를 가져온다.

블루보틀은 '느린 시간과 집중의 가치'를 의도로 삼는다. 그 결과, AI가 추천하는 메뉴와 로스터리 경험은 '빠름'이 아니라 '깊이'에 초점을 맞춰야 한다. 블루보틀의 앱은 혼잡 시간대 회

피 알림, 커피 테이스팅 노트 추천, 느린 브루잉 과정을 설명하는 스토리 콘텐츠 등을 AI로 맞춤 설계한다. 이처럼 브랜드 의도가 선명할 때, AI는 기능적 도구를 넘어 '감정적 내러티브'를 구축한다.

브랜드 의도는 외부 메시지에 그치지 않는다. 의도는 내부 조직이 결정을 내리고, 협업하며, 고객을 대할 때의 '태도'를 규정한다. 다이슨Dyson은 '문제를 해결하는 엔지니어 정신'을 브랜드 의도로 삼는다. 다이슨의 AI팀은 이 의도를 기반으로 흡입력, 소음, 에너지 효율 등 제품의 기술적 스펙을 고객 감정 데이터와 결합하여 제품 개선뿐 아니라 브랜드 서사를 강화한다. 한 다이슨 연구개발팀 리더는 인터뷰에서 이렇게 말했다.

"우리가 AI를 도입할 때 가장 먼저 묻는 질문은 '기술적으로 가능한가?'가 아니다. '이 기술이 우리 의도를 강화하는가?'가 우선이다. 브랜드의 철학과 맞지 않는 기술은 아무리 훌륭해도 도입하지 않는다."

이처럼 의도는 AI 기반 의사결정의 기준점으로 작동하며, 기술과 철학의 균형을 이루게 한다.

AI는 의도를 단순히 분석하는 것이 아니라 '감정 코드'로 번역하고 구체화한다. 예를 들어, 다음과 같은 단계가 진행된다.

브랜드 의도의 감정적 언어 정의
- 예: 자연과 조화롭게 살아가기(이솝Aesop)

고객 데이터와의 교차 분석

- 고객이 해당 감정을 어떻게 느끼고, 어떤 맥락에서 가장 크게 반응하는지를 데이터 기반으로 분석

감정 기반 행동 설계
- 제품 추천, 서비스 톤, 커뮤니티 활동 등 브랜드 접점마다 감정적 일관성을 유지하도록 설계

지속적 피드백 루프
- 실시간 데이터 분석을 통해 고객이 실제로 의도를 어떻게 해석하고 있는지를 확인하고 개선

이 과정을 통해 브랜드는 기능적 유용성을 넘어 고객과의 정서적 공명resonance을 강화한다.

브랜드 의도는 단순히 문서로 남는 문장이 아니다. 그것은 브랜드의 심장이자, AI가 설계할 전략의 원형 코드이며, 고객의 감정과 기억을 하나로 묶는 감정적 약속이다. 의도가 명확하면 고객은 브랜드를 '나와 관계를 맺는 존재'로 느끼고, 내부 구성원은 '우리가 어떤 태도로 세상에 설 것인가?'를 분명히 이해하며, AI는 기술이 아니라 감정의 언어로 전략을 제안할 수 있다. 결국 AI 시대에도 브랜드는 기능보다 의도, 기술보다 감정, 이성보다 공감을 중심에 두어야 한다. 그리고 그 첫 문장은 언제나 같다. '우리는 왜 존재하는가?'

이렇게 감정적 의도를 뿌리로 삼는 브랜드들은 단순한 시장 점유율이나 제품 기능 경쟁을 넘어 사람들의 일상과 정서 속에 깊이 스며드는 관계를 구축한다. 그들은 자신만의 철학을 감정

언어로 번역하고, 그 언어를 경험 전반에 걸쳐 일관되게 설계함으로써 브랜드를 하나의 살아 있는 '정체성'으로 만든다.

이러한 사례들은 브랜드가 단순히 상품과 서비스를 제공하는 경제적 주체를 넘어 소비자와의 감정적 교감을 설계하고 이를 통해 관계적 정체성을 구축하는 '사회적 실체'로 기능함을 시사한다. 감정적 의도를 기반으로 한 브랜드 전략은 기능 중심의 효용성을 넘어 브랜드와 소비자 간 상호작용 전반에 걸친 심리적 경험을 총체적으로 아우르는 구조적 프레임워크를 제공한다. 즉, 브랜드는 '무엇을 판매할 것인가?'라는 질문에서 출발하는 것이 아니라 '왜 존재하며, 어떤 감정과 가치를 사회에 전달할 것인가?'라는 본질적 물음에서 전략을 재구성해야 한다. 이제 우리는 이러한 감정적 의도가 어떻게 구체적인 디자인, 경험 그리고 기억으로 전환되며, 실질적인 브랜드 경쟁력과 지속 가능성을 창출하는지를 구체적 사례들을 통해 심층적으로 검토해보자.

다음은 감정적 의도를 기반으로 한 브랜드와 도시 사례들이다. 이들은 모두 존재의 이유를 감정으로 말하며, 고객(또는 시민)과의 관계를 설계한 브랜드다.

1) 나이키: 도전과 자기 극복의 감정 설계
- 브랜드 의도: 운동을 통해 누구나 자신의 한계를 넘을 수 있다.
- 나이키는 제품 중심이 아닌 사람 중심의 브랜드다. 이 브랜드의 핵심 의도는 '운동은 위대한 사람들만을 위한 것이 아니라 모든 사람의 내면에 있는 가능성을 일깨우는 행위'라는 믿음

에서 시작된다. 이 감정적 의도는 'Just Do It'이라는 짧은 문장에 농축되어 있으며, 이는 단지 행동을 권하는 구호가 아니라 두려움을 넘고 싶은 사람들의 감정을 지지하는 심리적 슬로건으로 작동한다. 나이키는 이 의도를 광고, 제품 개발, 앱 UX, 스포츠 캠페인 등 모든 브랜드 접점에서 일관되게 유지한다. 장애인 운동선수, 노년의 러너, 어린 소녀들의 농구 이야기 등 이 브랜드는 '보통 사람의 도전'이라는 감정을 기억하게 만들고, 이를 통해 브랜드와 고객 간에 감정적 연대를 형성한다. 나이키는 '경쟁'이 아닌 '극복'이라는 감정을 설계했으며, 이를 통해 브랜드가 사람의 이야기 속에 들어가는 방법을 보여준다.

2) 도브: 진정성과 자기 수용의 감정 설계

- 브랜드 의도: 진짜 아름다움은 다양성과 자기 수용에서 시작된다.
- 도브Dove는 '아름다움'이라는 추상적 개념을 감정적 공감이라는 언어로 바꾸었다. 전통적인 뷰티 브랜드들이 이상화된 미의 기준을 강조해온 반면, 도브는 'Real Beauty' 캠페인을 통해 소비자 스스로의 몸, 얼굴, 나이, 배경을 당당하게 긍정하는 감정적 경험을 설계했다. 도브는 이 캠페인에서 모델을 기용하지 않고 일반 여성의 인터뷰, 셀프 포트레이트, 자녀와의 대화 영상 등 소비자 자신이 주인공이 되는 경험을 제공함으로써 브랜드와 소비자의 감정적 거리를 없앴다. 이러한 브랜

드의 진정성은 광고뿐 아니라 제품 포장, 유튜브 콘텐츠, 학교 교육용 자료 등 다양한 접점에서 확장되며, 브랜드를 '상품'이 아닌 공감 공동체의 일부로 각인시켰다. 도브는 브랜드가 사회적 메시지를 통해 소비자와 '감정적 정의'를 공유하는 방식을 보여준다.

3) 듀오링고: 유쾌한 반복을 통한 자기 계발 감정 설계
- 브랜드 의도: 언어 학습은 강요가 아니라 즐거운 습관이 되어야 한다.
- 듀오링고Duolingo는 미국의 글로벌 교육 기술 기업으로서 딱딱하고 지루하던 '외국어 공부'에 게임성과 유머, 친근한 인터페이스를 접목한 브랜드다. 이 브랜드의 핵심 의도는 배움이 지속되려면 감정적 동기부여가 필요하며 '유쾌한 반복이 그 열쇠'라는 믿음에 기반한다. 이를 대표하는 부엉이 캐릭터 '듀오Duo'는 단순한 마스코트를 넘어 감정 조율을 수행하는 페르소나로 작동한다. 이 감정적 의도는 앱 내 인터페이스, 알림 메시지, 푸시 문구, SNS 콘텐츠에 이르기까지 모든 브랜드 접점에서 '유머, 경고, 응원, 도발'의 정서 리듬으로 구현된다.
예를 들어, 듀오링고는 공부를 안 한 사용자에게 '오늘도 듀오를 실망시키셨군요' 같은 알림을 보내며, 기능이 아닌 감정으로 학습을 유도한다. 틱톡TikTok과 SNS에서는 자학적 유머와 짓궂은 밈을 통해 '귀여운 잔소리꾼'이라는 관계성을 구축하며, 고객에게 단순한 학습 도구가 아닌 '지속 가능하고 즐

거운 성장 파트너'로 자리매김한다. 듀오링고는 '성취'가 아니라 '계속하는 나 자신에 대한 유쾌한 애정'이라는 감정을 설계하며, 학습이라는 긴 여정을 정서적 동반의 이야기로 바꾸는 브랜드 전략을 실행하고 있다.

4) 몬조뱅크: 불안 없는 금융을 위한 감정 설계

- 브랜드 의도: 돈 이야기는 어렵지 않아야 하며, 언제나 투명하게 말할 수 있어야 한다.
- 몬조뱅크Monzo Bank는 영국의 대표적인 디지털 은행neo-bank으로서 기존 은행 산업의 복잡함과 거리감에서 벗어나 정직함, 투명성, 감정적 신뢰를 중심에 둔 금융 경험을 설계하고 있는 브랜드다. 이 브랜드의 핵심 의도인 '사람들이 돈에 대해 안심하고 이야기할 수 있는 환경을 만들겠다'는 선언에 가까우며, 이를 위해 은행 서비스를 기술이 아닌 '정서적 신뢰' 기반의 인터페이스로 전환시켰다. 모든 기능은 고객의 감정 상태를 고려한 언어와 흐름으로 설계되어 있다. 알림 메시지, 소비 통계, 고객센터 응답, UI 컬러까지 '투명함과 다정함'이라는 감정을 축으로 통일되어 있다. 예컨대, 거래 알림은 실시간으로 오지만 부드러운 문장과 중립적인 말투를 사용하며 금융 데이터를 '조심스럽게 말 건네는 친구'처럼 전달한다. 몬조뱅크는 금융에서 흔히 느껴지는 복잡함, 불신, 불안을 언어 설계, 사용자 경험, 인터랙션 톤을 통해 제거하며 고객과의 관계를 '정서적으로 안전한 금융 동반자'로 구축한다.

이 브랜드는 '기능을 잘하는 은행'이 아닌 '신뢰할 수 있는 대화 상대'로 기억되는 감정 설계를 통해 금융 서비스를 브랜드 경험이자 관계 경험으로 전환시켰다. 이 경우 브랜드는 소비자의 삶의 철학과 감정에 공명하며 기억된다.

브랜드처럼 도시도 자신만의 언어로 감정을 말한다. 물건을 파는 브랜드가 고객과의 관계를 설계하듯 공간과 구조를 만드는 도시 역시 시민과 방문자에게 정서적 관계를 제안한다. 도시가 기능보다 철학을, 속도보다 기억을 선택할 때 그 도시는 '의도를 말하는 브랜드'가 된다. 다음은 '왜 존재하는가?'라는 감정 중심의 의도를 공간과 정책으로 설계한 도시 브랜드 사례들이다.

5) 보르도 시청 & 라메카 센터 (프랑스)

- 브랜드 의도: 예술과 시민 사이의 거리를 최소화하라.
- 보르도Bordeaux는 오랜 시간 '전통적인 와인의 도시', '클래식한 건축 유산'이라는 브랜드 이미지를 유지해왔다. 그러나 최근 도시 전략은 과감히 달라졌다. 도시는 문화예술을 시민의 삶과 가장 가까운 곳으로 끌어내기 위해 '라메카La MÉCA'라는 창작 지원 플랫폼을 조성했다. 메카라는 이름처럼 이곳은 사람들이 어울릴 수 있는 대형 공공 광장임과 동시에 세 개의 독립적인 문화 기관이 어우러진 공간이다. 현대미술을 선보이는 FRAC, 영화를 위한 공간인 ALCA, 퍼포밍 아트를 선보이는 OARA 등의 공간으로 이뤄져 있다.

라메카는 예술가의 작업실이자 전시장, 시민의 커뮤니티 공간이자 공공예술의 창구다. 거대한 아치형 건물은 보르도 강변을 향해 열려 있으며, 그 건축 자체가 '열린 창작'을 시각적으로 표현한다. 도시는 이 공간을 통해 말한다. '보르도는 이제 예술가만의 도시가 아니라, 시민과 창작자가 함께 사는 도시다.' 예술과 일상 사이의 거리를 줄이는 도시의 의도가 공간 전체에 감정적으로 설계되어 있다.

6) 디트로이트 셰어드 스페이스 & 디트로이트 파운디드 (미국)

- 브랜드 의도: 쇠락한 도시가 다시 살아나는 방식은 사람 간의 연결에서 시작된다.

- 미국 '자동차 산업의 심장'이었던 디트로이트는 산업 붕괴 이후 긴 침체의 시간을 겪었다. 그러나 지금 디트로이트는 '공장' 대신 '사람'을 중심으로 새로운 도시 브랜딩을 설계하고 있다. 디트로이트 셰어드 스페이스Detroit Shared Space와 디트로이트 파운디드Detroit Founded는 그 상징적인 공간이다. 이들은 단순한 공동 작업 공간이 아니라 예술가, 소상공인, 창업자들이 함께 배우고 협업하는 '공유의 리듬'을 만들어내는 감정적 네트워크다. 벽에 그려진 시민들의 초상, 자율적으로 운영되는 커뮤니티 라운지, 모든 문장에 '당신'이 포함되는 브랜드 언어는 도시가 시민과 다시 관계 맺기 위해 감정을 어떻게 설계하는지를 보여준다. 디트로이트는 말한다. '이 도시는 다시 사람을 중심으로 일어서는 중이다.' 쇠락을 딛고 감

포도향 그윽한 도시에 세워진 복합 문화 공간, 라메카

코펜하겐 슈퍼킬렌 파크

정적 회복을 선택한 디트로이트의 전략은 물리적 재건보다 정서적 회복을 중심에 둔 브랜드 의도의 탁월한 사례다.

7) 코펜하겐 슈퍼킬렌 파크 (덴마크)

- 브랜드 의도: 다문화 도시의 다양성을 두려움이 아닌 자랑으로 바꾸자.
- 코펜하겐Copenhagen 외곽의 노레브로Nørrebro는 오랜 시간 이민자 커뮤니티가 밀집된 지역이었다. 도시는 이 지역을 낙후된 곳으로 관리하거나 회피하지 않았다. 오히려 그 문화적 다양성을 슈퍼킬렌이라는 공공 공간을 통해 시각화했다. 슈퍼킬렌 파크Superkilen Park는 60여 개국의 공공 물품—벤치, 간판, 체육기구, 놀이터 설비 등—을 그 나라에서 실제로 가져와 설치한 초국적 공원이다. 공원의 각 공간은 다른 언어, 색, 형태로 구성되어 있어 걷는 동안 방문자는 지구 반 바퀴를 감정적으로 여행하는듯한 경험을 하게 된다. 도시는 이 공간을 통해 말한다. '다양성은 우리의 정체성이다.' 슈퍼킬렌은 공공장소를 브랜드처럼 설계한 대표적 사례이며, 감정을 통해 차이를 수용하는 도시의 철학을 구현한다.

이 세 도시와 공간은 하나의 공통점을 갖는다. 그들은 기능적 공간이 아니라 감정적 의도를 구체적 경험으로 번역한다. 도시가 브랜드처럼 말할 수 있다면, 그 말은 정보가 아니라 감정의 언어여야 한다. 브랜드가 말하는 이유를 묻듯이 도시도 이렇게 자신에게 질문을 던진다. '우리는 왜 이런 공간을 만들었는가?' 그 대답이 충분히 진정성 있게 다가올 때 사람들은 도시를 브랜드처럼 기억하게 된다.

브랜드처럼 도시도 '왜 존재하는가?'라는 감정적 의도에서 출발해야 한다. 보르도는 예술과 시민 사이의 거리 좁히기를 통해, 디트로이트는 관계 회복이라는 서사를 통해, 코펜하겐은 다양성의 존중을 공간 설계로 말하고 있다. 이 도시들은 모두 단지 '기능적인 장소'를 넘어 감정으로 말하는 도시, 의도가 명확한 공간이라는 새로운 브랜드 경험의 전형을 보여준다.

예술가는 어떻게 의도를 말하는가?

8) 데미안 허스트: 감정과 충격의 기억을 설계하는 존재

- 브랜드란 반드시 기업이어야만 하는가? 아니면 하나의 사람, 더 나아가 예술가도 의도를 가진 브랜드가 될 수 있는가? 데미안 허스트Damien Hirst는 그 질문에 '예'라고 답하는 존재다. 그는 단순한 작가가 아니다. 죽음, 소비, 아름다움, 신성함이라는 감정의 키워드를 통해 하나의 강력한 예술적 브랜드로 자신을 구축해왔다.

1990년대 영국 현대미술의 부흥을 이끈 YBA(영국의 젊은 예술가들)Young British Artists의 대표 인물인 그는, '죽음을 응시하는 예술'이라는 철학을 기반으로 수많은 충격적 작업을 선보였다. 대표작으로는, 포름알데히드에 담긴 실제 상어 사체를 작품화한 'The Physical Impossibility of Death in the Mind

데미안 허스트

of Someone Living(살아 있는 이의 마음에 떠오를 수 없는 죽음의 물리적 존재)'이 있다. 이 작품은 단순히 형식적 실험이 아니라 관람자에게 죽음에 대한 감정적 직면을 유도하는 일종의 감정 설계였다.

데미안 허스트는 자신을 하나의 세계관으로 확장했다. 그는 작가인 동시에 제작자이며, 전시 기획자이며, 상업적 전략가다. 그의 작업실은 기업의 스튜디오처럼 구조화되어 있고, 그가 내는 한정판 작품들은 미술시장에서 정서적 희소성과 투자적 가치를 동시에 설계하고 있다.

그의 또 다른 프로젝트인 'Treasures from the Wreck of the Unbelievable(믿기 어려운 난파선의 보물들)'은 픽션과 진실, 고고학과 상상력의 경계를 넘나드는 '가짜 고대 유물 전시'였다. 허스트는 여기서 관객에게 단 하나의 질문을 던진다. "이것이 진짜든 가짜든, 당신은 무엇을 느끼고 있는가?" 바로 여기에 브랜드로서의 그의 진가가 숨어 있다. 정보나 사실이 아니라 감정을 설계하는 방식으로 관객을 설득하는 것이다.

뿐만 아니라 그는 브랜드의 정체성을 유지하는 자기만의 운영 체계, 브랜드 OS를 가진 작가이기도 하다. 그의 전시 방식, 시리즈 구성, 가격 책정, 미디어 응대, 소셜미디어 노출까지 그 안에는 철저히 감정을 중심으로 설계된 스토리와 태도가 내재화되어 있다.

허스트는 브랜드처럼 '말하는 작가'다. 말없이도 공간을 통해, 조형을 통해, 구조와 재료를 통해 관객의 감정을 유도한다. 그리고 그 감정은 브랜드처럼 기억 속에 남는다. 그는 '작가'라는 타이틀을 넘어 예술이라는 언어로 스스로를 브랜드화한 대표적인 존재다.

AI-인식 브랜드 순환,

이 구조가 작동한다면?

감정과 데이터가 순환하는 브랜드 구조

브랜드는 오랫동안 일방적 메시지와 기획된 이미지를 통해 정체성을 유지해왔다. 그러나 이제 그 방식은 AI라는 새로운 파트너를 만나 단순한 관리 체계를 넘어 '감정과 기억이 순환하는 유기적 구조'로 진화하고 있다. 이를 가능하게 하는 개념이 바로 'AI-인식 브랜드 순환Aware Brand Loop'이다. 이 구조는 브랜드가 고객의 감정적 반응을 실시간으로 감지하고 데이터화하며 다시 경험 설계에 피드백하는 하나의 '감정-데이터 순환 구조'를 만든다.

AI-Aware Brand Loop는 단순히 자동화된 마케팅이나 맞춤형 광고를 넘어서 브랜드의 감정적 의도가 데이터와 결합해 실시간으로 진화하는 '감정 기반 순환 시스템'을 뜻한다. 이 구조는 다음의 5단계를 중심으로 작동한다.

- Intention Definition (의도 정의)
- Emotion Sensing (감정 감지)
- Experience Modulation (경험 조율)
- Memory Tracking (기억 추적)
- Loop Feedback & Re-tuning (피드백 순환 및 감정 조율)

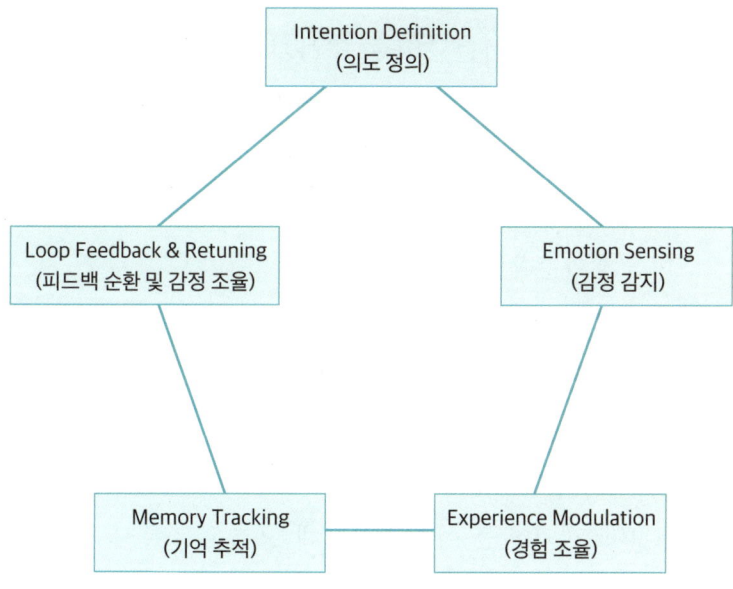

AI-Aware Brand Loop의 5단계를 시각화한 순환 다이어그램

이 과정은 마치 인간의 심장이 박동하고, 뇌가 정보를 받아 판단하고, 근육이 반응하며, 다시 심장에 신호를 되돌리는 생리적 루프와도 같다. 브랜드는 더 이상 단순히 '말하는 존재'가 아니라 감정과 기억을 순환하며 '살아 있는 존재'로 자리 잡게 된다.

1. **의도 정의: 브랜드의 심장 박동을 정의하라**
- AI 시대에도 변치 않는 것은 '의도'다. AI가 아무리 발전해도 고객은 결국 '왜 이 브랜드가 존재하는가?'를 감정적으로 느끼고자 한다. 의도를 명확히 정의하는 것은 AI에게도 브랜드의 철학을 '학습'할 수 있도록 돕는다. 예를 들어, 아웃도어 브랜드 파타고니아는 '지구를 구하기 위해 존재한다'는 명확한 의도를 바탕으로 AI 챗봇의 말투, 고객 알림 문구, 심지어 재활용 정책까지 모두 일관되게 설계한다. 이 브랜드의 의도는 단순한 친환경 홍보를 넘어, 감정적 태도를 모든 접점에 스며들게 만든다.

2. **감정 감지: 고객의 숨결을 읽어라**
- 감정 컴퓨팅, 표정·음성 분석, 행동 로그 등 AI 기술은 고객의 작은 표정과 말투, 사용 패턴을 읽어낼 수 있는 능력을 갖추고 있다. 예를 들어, 영국의 럭셔리 백화점 브랜드 해롯Harrods은 VIP 고객의 방문 이력을 분석해 '오늘은 조용히 쇼핑하고 싶다'는 정서를 감지하면, 매장 내 안내 직원이 먼저 다가가지 않고 조용히 거리를 유지한다. 반대로, '상담과 추천을 받고 싶다'는 패턴이 포착되면 전담 컨시어지가 개인화된 추천

서비스를 제공한다. 이러한 감정 감지는 고객의 순간적 기분과 맥락을 존중하며, 신뢰와 호감을 동시에 축적하게 된다.

3. **경험 조율: 경험을 감정의 리듬으로 조율하라**

- 브랜드는 이제 AI를 통해 고객 경험을 실시간으로 맞춤화할 수 있다. 예컨대, 글로벌 항공사 싱가포르항공Singapore Airlines은 기내 서비스 AI 시스템을 통해 승객의 예약 이력과 과거 피드백을 분석한다. '출장 후 귀국하는 피곤한 고객'에게는 승무원이 말을 줄이고, 승객이 먼저 대화할 때만 응대하도록 설계되어 있다. 또 '기념일 여행'인 승객에게는 꽃 장식, 기내 맞춤 메뉴, 특별 와인 서비스를 제공하며 감정적 환대를 강화한다. 이러한 설계는 '정형화된 서비스'를 넘어 개인화된 감정 설계를 실현한다. 마치 오케스트라가 청중의 숨결과 분위기를 읽어 연주를 다듬듯 AI는 고객의 심리적 리듬에 맞춰 경험을 조율한다.

4. **기억 추적: 감정의 흔적을 기억으로 기록하라**

- 경험은 순간이지만, 기억은 지속된다. AI는 고객의 감정적 경험을 '데이터화된 기억'으로 저장하며, 브랜드는 이를 바탕으로 더 정교한 관계 전략을 설계할 수 있다. 예를 들어, 뷰티 브랜드 에스티로더는 AI 시스템을 통해 고객이 어떤 제품을 사용했을 때 가장 긍정적 리뷰를 남겼는지, 어떤 색상이 자주 구매되었는지, 어떤 시즌에 더 활발히 참여했는지를 기억 데이터로 축적한다. 이후 추천 알림, 시즌 컬렉션 제안, 오프라인 이벤트 초대 등 모든 접점에서 '기억 기반 개인화'를 구현

한다. 이는 단순히 데이터를 쌓는 것이 아니라, 브랜드가 고객의 정서적 여정을 동행하며 '나를 잘 아는 존재'로 각인되는 전략이다.

5. 피드백 순환 및 감정 조율: 감정 루프를 순환하고 보정하라

- AI-Aware Brand Loop의 핵심은 '끝없는 순환'이다. 고객의 감정과 기대는 지속적으로 변한다. 따라서 브랜드도 고정된 메시지를 반복하는 것이 아니라, 변화하는 고객의 마음을 따라 움직이며 스스로를 조율해야 한다. 독일 자동차 브랜드 포르쉐Porsche는 AI 기반의 고객 피드백 루프를 운영한다. 시승 이후 즉각적인 정서적 만족도를 측정하고, 그 결과를 신차 개발과 서비스 교육에 반영한다. 이를 통해 고객과 브랜드 사이에 '진화하는 관계'를 구축하며, 한 번의 구매가 아니라 평생의 파트너십을 만들어간다.

MIT 미디어랩의 감정 AI 연구자 로잘린드 피카드 교수는 다음과 같이 말한다.

"AI는 브랜드의 감정을 대신할 수 없지만, 브랜드가 고객의 감정을 더 깊이 이해하도록 돕는 도구가 될 수 있다. 진정한 브랜드는 기술에 의존하기보다 기술을 통해 감정적 태도를 확장해야 한다."

이 말은 AI-Aware Brand Loop의 철학과 완벽히 맞닿아 있다. 브랜드는 AI를 통해 자신이 추구하는 감정적 의도를 더 정교하게 실현하고, 변화하는 사회 맥락에 적응하며, 고객과의 관계를 무한히 갱신할 수 있다. 궁극적으로 AI-Aware Brand Loop는 브랜드가 단순히 '소비'를 설계하는 존재가 아니라, 사람의 감정과 기억을 동반하며 살아가는 존재로 진화하도록 이끈다.

이 구조는 다음과 같은 가치로 요약할 수 있다.

- 브랜드는 더 이상 정적인 로고가 아니다.
- 브랜드는 고객의 기억과 감정에 뿌리를 내리는 존재다.
- AI는 브랜드가 그 감정을 더 깊고 넓게 그리고 일관되게 펼칠 수 있도록 돕는 협력자다.

이제 브랜드는 단순히 '판매자'가 아니라 고객과 함께 성장하고 기억 속에서 살아가는 '정서적 동반자'가 되어야 한다. 그 여정은 바로 AI-Aware Brand Loop, 감정과 데이터가 순환하는 구조 위에서 완성된다. AI-Aware Brand Loop는 단순한 전략 프레임워크가 아니라, 브랜드와 인간 사이에 오가는 감정의 리듬을 담은 하나의 '감정 생태계'다.

기억되고 싶다면 브랜드는 기술을 넘어 감정에 호흡을 맞추어야 하며, 그 호흡은 AI를 통해 더 세밀하게 조율될 수 있다. 그리하여 브랜드는 다시 묻는다.

'우리는 어떻게 하면 당신의 감정 속에 오래 머무를 수 있을까?'

브랜드 정체성, AI로 지킬 수 있을까?

변화하는 환경에서의 일관성 유지

브랜드 정체성identity은 단순한 로고나 슬로건이 아니다. 그것은 브랜드가 지닌 철학, 태도, 감정적 톤 그리고 고객과 맺는 관계의 본질적 약속이다. 그러나 AI 기반 자동화와 초개인화가 브랜드 운영의 중심축으로 들어오면서, 이 정체성을 유지하는 일은 과거보다 훨씬 더 복잡하고 도전적인 과제가 되었다. AI 시대의 브랜드는 이전과 비교할 수 없을 만큼 많은 데이터를 기반으로 즉각적이고 개인화된 경험을 제공한다. 하지만 이 유연성과 즉흥성 속에서 흔히 간과되는 것이 바로 '일관성'이다.

미국의 정보기술 연구회사 가트너Gartner는 2025년까지 글로벌 브랜드의 70%가 AI 기반 개인화 전략을 핵심으로 도입할 것이라 전망한다. 하지만 동시에 '과도한 개인화는 브랜드 정체성을 희석시키는 부작용을 초래할 수 있다'고 경고한다.

브랜드가 모든 고객의 취향과 맥락에 맞춰 반응할 때 '내가 누구인지'를 흐릿하게 만들 위험이 있다. 각 소비자의 피드백에 즉각적으로 반응하면서도 브랜드가 스스로 세운 감정적 코어와 철학을 유지하는 법, 이 딜레마는 AI 시대의 브랜드가 맞닥뜨린 가장 첨예한 과제다.

AI는 브랜드의 '두 번째 뇌'가 아니라 '확장된 감각'으로 이해되어야 한다. 이는 단순히 정보를 처리하거나 예측하는 역할을 넘어서 브랜드의 감정적 의도를 각 접점에 일관되게 전달하는 도구가 되어야 한다는 의미다. 브랜드 정체성을 지키는 AI 활용의 핵심은 '재빠른 대응'이 아니라 '일관된 감정 유지'에 있다. 소비자에게 순간적으로 맞춤화된 경험을 제공하더라도, 그 배경에 흐르는 브랜드의 핵심 의도와 톤은 절대 변하지 않아야 한다.

아웃도어 브랜드 파타고니아는 '환경을 지키는 브랜드'라는 정체성을 견고하게 유지하면서도 AI와 기술을 적극적으로 도입한 대표적 사례다. 파타고니아는 2019년부터 AI 기반 재활용 소재 관리 시스템을 도입하여 소비자 구매 이력과 제품 반납 데이터를 분석하고 있다. 고객이 반납한 옷의 상태, 사용 패턴, 재활용 경로를 AI가 정교하게 분석해 지속 가능한 소재 개발에 반영한다. 이 데이터는 제품 개발뿐 아니라 소비자 커뮤니케이션에도 일관되게 활용된다. 예를 들어, 고객이 특정 재활용 재킷을 반납하면 AI가 그 고객의 구매 여정과 환경 기여도를 시각화해 이메일로 제공한다. '당신이 반납한 재킷 한 벌은 ○○L의 물을 절약하고, ○○kg의 탄소 배출을 줄였습니다.'라는 메시지는 단순한 개인화가 아니라 브랜드의 본질인 '환경보호'라는 감정적 가치와 긴밀히 연결된다. 이와 같은 AI 활용은 파타고니아가 단순히 '기능적 아웃도어 브랜드'를 넘어서 '환경을 지키는 친구'라는 정체성을 더욱 선명하게 만들어준다.

레고는 '모두가 창의적으로 놀 수 있는 세상'이라는 브랜드 정체성을 중심으로 성장해온 글로벌 장난감 기업이다. 최근 레고는 AI 기반 설계 도구인 '레고 인사이더스LEGO Insiders'를 통해 사용자들이 자신의 디자인을 공유하고, AI가 이를 분석하여 새로운 조립 아이디어를 추천하도록 하고 있다. 그러나 레고는 이 AI 시스템을 단순한 트렌드 분석 도구로 사용하지 않는다. 모든 알고리즘의 핵심 기준은 '창의성 보호'다. 레고의 CMO 줄리아 골드Julia Gold는 인터뷰에서 이렇게 말했다.

"AI는 데이터를 분석하지만, 창의성을 설계하지는 않는다. 우리의 목표는 AI가 창의성을 감시자처럼 제약하는 것이 아니라, 확장된 영감의 창이 되도록 하는 것이다."

실제로 레고의 AI 추천 알고리즘은 사용자에게 완성된 제품을 강요하지 않고, '이런 방향은 어때요?'라는 식으로 질문형 피드백을 제공한다. 고객은 AI가 던진 질문에 스스로 응답하며, 더 많은 창의적 시도를 경험하게 된다. 이 방식은 브랜드의 핵심 감정 언어인 '자율적 창의성'을 지켜내는 동시에, 기술을 통해 개인화된 경험을 확장한다.

"AI는 브랜드에 놀라운 적응성과 확장성을 제공하지만, 동시에 철학적 빈틈을 만들어낸다. 이 빈틈을 메우는 것은 기술이 아니라 브랜드의 의도와 감정의 일관성이다."

이는 브랜드 전략을 연구하는 다수의 글로벌 경영학자들이 공유하는 관점이다. 특히 런던 비즈니스스쿨, MIT 슬론 등 주요 경영대학의 최근 연구들은 이 점을 반복해서 강조한다. AI가 브랜드 전략의 핵심 실행 주체로 등장하는 시대에 브랜드의 정체성을 유지하기 위한 핵심은 '감정적 결의emotional conviction'라는 철학적 기반 위에 구축되어야 한다는 것이다.

브랜드는 AI 시스템을 설계하거나 도입할 때마다 '이 선택은 우리의 철학과 일치하는가?', '이 알고리즘은 우리의 감정 언어를 제대로 담고 있는가?'라는 질문을 끊임없이 던져야 한다. 이 반복적 성찰의 과정 속에서만 브랜드는 기술의 효율성과 철학의 일관성을 조화롭게 결합할 수 있다. 감정은 데이터처럼 수집되고 분석될 수는 있지만, 브랜드가 그것을 어떻게 '의미 있게 다룰 것인가?'는 결국 기술이 아닌 철학의 문제다.

AI는 기본적으로 속도를 중시한다. 예측, 분석, 피드백 등 모든 과정이 실시간으로 이루어진다. 그러나 브랜드 정체성은 속도보다 리듬을 필요로 한다. 예를 들어, AI가 실시간 데이터를 분석하여 고객에게 새로운 제품을 제안할 때 브랜드는 반드시 물어야 한다.

'이 제안은 고객을 설득하기 위한 즉흥적 전략인가, 아니면

브랜드 철학과 감정적 태도에 맞는 관계 구축인가?'

이처럼 AI가 제공하는 '빠름'은 순간적 만족감을 줄 수 있지만, 브랜드는 '느림'을 통해 관계적 깊이를 쌓는다. 속도와 느림이 함께 조화될 때 브랜드는 새로운 기술 환경에서도 흔들리지 않는 자신만의 색을 유지할 수 있다.

블루보틀은 '느린 커피, 깊은 경험'을 표방한다. 이 브랜드는 디지털 전환과 AI 도입에도 불구하고 매장 내 '3분의 기다림' 규칙을 고집한다. 최근 블루보틀은 AI 기반 수요 예측과 매장 운영 최적화 기술을 활용해 고객 대기 시간을 줄일 수 있었지만, 오히려 일부 매장에서는 의도적으로 기다림을 유지한다. 블루보틀의 CEO 카린 로젠버그Karine Rosenberg는 인터뷰에서 이렇게 말했다.

"우리는 AI를 도입하면서도 '기다림'이라는 브랜드의 철학을 타협하지 않았다. 빠른 주문과 효율은 제공할 수 있지만, 우리가 전달하려는 '정서적 느림'은 어떤 기술로도 대체할 수 없다."

이는 블루보틀이 속도와 기술 혁신을 부정하는 것이 아니라, 자신의 감정적 정체성을 지키기 위해 AI 기술을 선별적으로 활용하는 방식이다.

AI는 브랜드에 놀라운 확장성을 제공한다. 그러나 이 확장은 브랜드가 '왜 존재하는가?'라는 근본적 질문에 대한 답을 흔들리게 해서는 안 된다. 브랜드가 AI를 통해 감정적 맞춤화를 실현할 때, 그 안에 담긴 감정적 일관성과 의도를 잃지 않는 것이야말로 미래 브랜드 전략의 핵심이다. 결국, 브랜드는 AI라는 강력한 도구를 '빠름'의 수단으로만 사용하지 않고 '깊음'을 구축하는 동반자로 삼아야 한다. 기술은 브랜드 철학의 증폭기이지, 교체품이 될 수 없다. 그리하여 브랜드는 다시 스스로에게 묻는다.

'우리는 어떻게 기술을 통해 더 많은 사람을 만날 수 있을까? 그 만남 속에서도 우리는 어떻게 한결같이 기억될 수 있을까?'

프로그래머블 인터페이스, 브랜드의 새 얼굴이 될까?

API, 챗봇, AI 에이전트를 통한 브랜드 접점 설계

AI가 브랜드의 전략을 재정의하는 시대에 브랜드와 고객 사이의 접점은 더 이상 단순한 광고, 오프라인 매장, 앱 화면에 머물지 않는다. 브랜드는 이제 API, 챗봇, AI 에이전트를 통해 실시간으로 말하고 듣고 감정을 설계하며 관계를 조율하는 존재가 되어가고 있다. 프로그래머블 인터페이스란, 사용자 맥락에 따라 자동으로 조정되는 감정 기반 인터페이스다. 이전 시대의 브랜드는 정적이었다. 광고는 한 번 송출되면 끝났고, 매장 디스플레이는 한 시즌에 한두 번만 교체되었다. 그러나 프로그래머블 인터페이스가 도입되면서 브랜드는 매 순간 새로운 표정을 짓고, 새로운 언어를 배우고, 새로운 리듬으로 고객의 일상에 스며든다. 이는 마치 살아 있는 유기체처럼 브랜드를 진화시키는 힘이다.

AI 에이전트Agent는 단순한 자동 응답 봇 이상의 존재다. 브랜드의 세계관을 내면화하고 언어와 말투, 응답의 속도와 감정 톤까지도 디자인된 '브랜드의 감정적 분신'이라 할 수 있다. 영국의 프리미엄 슈퍼마켓 브랜드 웨이트로즈Waitrose는 AI 에이전트를 통해 프리미엄 식문화와 고객의 감정적 기대를 연결한다. 웨이트로즈의 AI 상담사는 단순히 '이 치즈에는 어떤 와인이 어울리는가?'를 답하는 데 그치지 않는다. 고객의 장바구니 패턴, 이전 식자재 구독 이력, 최근 레시피 검색 내역을 분석해 식탁을 준비하는 이의 '감정 상태'를 파악한다. 예를 들어, '금요일 저녁, 피곤한 하루를 마치고 혼자 저녁을 준비하는 고객'에게는 격려와 위안의 톤으로, '토요일 저녁, 친구들과 함께하는 저녁 모임을 준비하는 고객'에게는 축하와 설렘의 감정으로 대답한다. 웨이트로즈의 브랜드 디렉터 클레어 마틴Claire Martin은 이렇게 말했다.

"AI 에이전트는 브랜드가 단순히 '무엇을 팔까?'를 넘어 '어떻게 기억될까?'를 설계하는 문지기 역할을 한다. 이 문지기는 감정의 맥락을 잊지 않고, 모든 고객을 한 사람으로 존중하는 존재여야 한다."

AI 기반 초개인화Hyperpersonalization는 이제 단순한 추천을 넘어서 고객의 순간적 감정과 콘텍스트를 실시간으로 반영한다. 프랑스 럭셔리 패션 하우스 에르메스Hermès는 VIP 고객을 위한 초개인화 AI 컨시어지 시스템을 도입했다. 에르메스의 AI 에이전

영국인들이 사랑하는 슈퍼마켓 1위 웨이트로즈

트는 VIP 고객의 구매 히스토리뿐 아니라 최근 소셜 미디어 게시물, 해외 출장 일정, 심지어는 날씨와 계절적 정서를 결합해 제안을 만든다. 예컨대, 한 고객이 파리 출장을 비가 자주 내리는 3월에 갈 경우 AI 에이전트는 '회색 하늘과 잘 어울리는 우아한 차콜 코트와 실크 스카프'를 제안하며 '이번 주 긴 미팅 일정 끝에 스스로를 위한 작은 보상'이라는 따뜻한 언어를 덧붙인다. 이는 단순히 판매를 넘어 에르메스가 지향하는 '장인 정신과 개인적 서사의 만남'을 브랜드 접점에 녹여내는 감정적 시나리오다.

이러한 AI 에이전트와 초개인화가 가능하려면 브랜드 내부에는 반드시 정서적 운영 체계, 즉 브랜드 OS가 필요하다. 브랜드 OS는 브랜드의 철학과 말투, 감정 톤, 가치관, 위기 대응 방식 등을 종합적으로 정리한 '감정의 헌법'과 같은 시스템이다. 브랜드 OS는 다음과 같은 질문에 대한 브랜드 내부의 일관된 대답 체계다.

- 브랜드는 어떤 말투로 말하는가?
- 어떤 감정을 설계하려 하는가?
- 위기 상황에서는 어떤 태도로 대응하는가?
- 브랜드의 세계관은 어떤 감정적 가치에 기반하는가?

이 OS는 브랜드가 말하는 방식, 반응하는 방식, 기억되는 방식을 통합적으로 정의한다. 기업이 하나의 운영체제를 가지고 움직이듯, 브랜드도 이제 자신의 감정 설계 시스템을 가져야 한다.

현대카드는 고객에게 보내는 알림, 카드 디자인, 고객센터 매뉴얼까지 일관된 정서적 톤을 유지하기 위해 내부 브랜드 언어 매뉴얼과 정서 반응 시나리오를 브랜드 OS 형태로 관리하고 있다. 예를 들어, 고객 불만 응대 시 단순히 '해결 여부'를 전달하지 않고 브랜드가 가진 정중함, 유머 감각, 차분한 말투가 반드시 반영되도록 체크리스트를 운영한다. 이는 브랜드의 감정을 정형화된 시스템 안에서 유지하려는 전략적 감정 운영 시스템의 모범적인 예다.

브랜드 인터페이스는 이제 디지털 플랫폼에만 머물지 않는다. 물리적 공간 속에도 감정적 인터페이스가 점점 더 깊이 스며들고 있다. 덴마크 코펜하겐에 위치한 아우도 호텔The Audo Hotel은 라이프스타일 브랜드 메뉴Menu와 놈 아키텍츠Norm Architects가 협업하여 만든 실험적 공간이다. 호텔, 공동 작업 공간, 쇼룸, 갤러리, 레스토랑이 하나로 결합된 이 공간은 고객의 입장 순간부터 감정 기반 데이터가 수집된다. 고객의 입실 시간, 선택한 음악, 앉은 자리, 동선, 음료 선택까지 모든 경험은 '아우도 디지털 컨시어지Audo Digital Concierge'를 통해 분석된다. 예를 들어, 한 고객이 조용한 모시리에서 장시간 노트북 작업을 한 경우 다음 방문 시 자동으로 같은 구석 자리와 저자극 음악 리스트가 추천된다. 이때 고객은 인식하지 못하지만, 모든 선택은 '고요한 몰입'을 핵심 가치로 하는 브랜드 OS에 따라 설계된다.

브랜드 OS가 디지털 시스템이 아닌 자연과 감정의 리듬으로 구성된 예외적 사례도 있다. 제주도 제주시 구좌읍은 최근 몇 년간 자연 기반 감정 브랜딩의 실험장이 되었다. 이곳은 단순히 아름다운 풍경이 있는 지역에 머무는 것이 아니라 '고요한 몰입'이라는 감정 세계관을 의도적으로 구축하고 있다. 독채 숙소, 로스터리 카페, 수제 책방, 도예 공방 등은 고립된 자연과 정서적 자율성이라는 철학을 공유하며 '구좌다움'이라는 로컬 감정 OS를 형성한다. 각 공간은 '소란하지 않음', '침묵 속 감정', '시간을 다르게 쓰는 법'에 집중하며 고객에게 디지털 디톡스와 감정 회복의 리추얼을 제공한다. 특히 자연을 의도적으로 디자인하지 않고 감정을 받아들이는 방식으로 안내하는 태도는 감정 기반 브랜딩의 가장 고요한 형태라고 할 수 있다. 단순한 공간이 아니라 감정의 언어로 기억되는 운영 시스템이라는 점이다.

브랜드는 이제 공간이든 도시든 고객의 감정을 어떻게 응답하고, 어떤 기억으로 남길 것인가를 설계하는 존재가 되어야 한다. 이 감정의 흐름을 데이터가 아닌 일관된 정체성과 세계관 그리고 철학으로 유지해주는 것이 바로 브랜드 OS다.

브랜드 전략은 시스템으로 진화해야 한다. AI 시대, 브랜드는 단발성 메시지나 캠페인이 아니라 감정의 흐름을 설계하고 운용하는 시스템이 되어야 한다.

- AI 에이전트는 그 흐름의 '실행 주체'다.
- 초개인화는 그 흐름의 '맞춤 전략'이다.
- 브랜드 OS는 그 흐름을 유지시키는 '정체성의 근간'이다.

브랜드는 관계 유지의 감정 설계이며, AI를 통한 감성 전략의 정밀화다.

'AI는 감정을 모사하지만, 브랜드는 감정을 기억하게 한다.' 브랜드가 살아 있는 존재처럼 느껴지기 위해 필요한 것은 단순한 기술이 아니라 정서적 통제력이다. 세포라의 디지털 뷰티 상담사, 넷플릭스의 감정 기반 추천 시스템, 현대카드의 말투 매뉴얼. 이들은 AI 시대 브랜드가 어떻게 감정을 '운영'하고 있는지를 보여주는 감정 전략의 시스템화된 모습이다. 이제 브랜드는 메시지를 넘어서 말투를 설계하고, 기억을 운영하며, 관계를 유지하는 정서적 플랫폼이 되어야 한다.

브랜드의 프로그래머블 인터페이스는 결국 '기억에 남는 관계'를 만드는 도구다. 단순히 판매를 유도하거나 편의성을 제공하는 데 그치지 않고, 브랜드의 감정적 정체성을 고객에게 새기는 역할을 한다. 브랜드는 이제 물어야 한다.

- 우리는 지금 고객과 어떤 톤으로 대화하고 있는가?
- 이 경험은 고객의 내면에 어떤 기억을 남길 것인가?
- 우리의 철학은 이 인터페이스 안에서 어떻게 호흡하고 있는가?

AI가 설계한 감정적 터치포인트들은 고객의 미세한 정서 신호에 응답하며, 기억의 궤적을 형성한다. 브랜드는 말하는 존재에서 감정을 듣고 움직이는 존재로 변하고 있다.

프로그램 가능한 인터페이스는 브랜드가 단순히 소비자를

'보는' 관찰자가 아니라 감정의 공동 창작자로 전환하도록 만든다. 인터페이스는 이제 브랜드의 새로운 심장이다. 이 심장은 매 순간 리듬을 조율하고, 새로운 감정의 피를 순환시키며, 고객과 브랜드가 함께 호흡하게 한다.

'브랜드는 기술을 통해 감정을 복제하는 것이 아니라, 고객의 삶 안에서 감정을 다시 살아 숨 쉬게 해야 한다.'

이 한 문장은 AI 시대의 인터페이스가 담아야 할 궁극적 미션을 웅변한다. 기술이 아니라 감정으로, 자동화가 아니라 관계로. 이것이야말로 앞으로의 브랜드 전략이 지향해야 할 길이다.

감정 설계, 데이터로 어디까지 접근할 수 있을까?

데이터 분석을 통한
감정적 경험 설계

브랜드가 '기억에 남는 존재'가 되기 위해서는 고객의 감정과 깊이 공명해야 한다. 그러나 그 공명을 설계하려면 감정이라는 보이지 않는 흐름을 이해하고 구조화할 수 있어야 한다. AI와 데이터 분석은 바로 이 감정의 지도를 그리는 도구가 되어 브랜드가 한층 더 정밀한 정서적 관계를 구축하도록 돕는다. 그러나 이 질문은 동시에 매우 근본적인 물음을 던진다.

'데이터로 어디까지 감정을 설계할 수 있는가?'

감정은 단순히 관찰 가능한 데이터가 아니라 인간 존재의 복합적 기억과 가치관, 순간의 뉘앙스까지 담고 있는 층위 깊은 언어이기 때문이다.

오늘날 대부분의 브랜드는 고객 데이터를 수집한다. 검색 기록, 구매 이력, 클릭 패턴, 위치 정보, 소셜 미디어에서의 반응. 하지만 이러한 데이터는 표면적 행동만을 기록할 뿐 그 안에 담긴 '왜'를 해석하기는 어렵다. AI 기반 감정 분석은 기존의 표면적 데이터에서 한 걸음 더 나아간다. 고객이 남긴 리뷰의 뉘앙스, 영상 속 표정과 음성의 떨림, 반복되는 검색어와 시간을 결합해 고객의 정서적 상태를 추론한다.

독일의 하이엔드 오디오 브랜드 젠하이저Sennheiser는 최근 자사 앱 사용자 데이터를 분석해 음악 감상 중 '몰입 상태'를 탐지하는 알고리즘을 개발했다. 사용자가 특정 장르에 더 오래 머물거나 볼륨을 높이고 EQ 설정을 조정하는 순간을 '정서적 몰입'의 지표로 보고 실시간으로 큐레이션을 맞춤화한다. 예를 들어, 한 고객이 재즈 트랙에서 볼륨을 높이고 장시간 청취할 경우 앱은 '당신만의 밤을 위한 딥 재즈 믹스'라는 문구와 함께 긴 몰입형 세션을 제안한다. 젠하이저의 감정 데이터 분석은 '무엇을 듣는가?'에서 멈추지 않고 '어떻게 듣는가?'와 '왜 그렇게 듣는가?'까지 파고든다. 이는 단순한 기능적 만족을 넘어 청취 행위 그 자체를 하나의 정서적 의식으로 승화시키는 전략이다.

홈퍼니싱 브랜드 이케아는 고객의 집이라는 가장 개인적인 공간을 연구하는 데 있어 감정 데이터를 본격적으로 활용하고 있다. 이케아는 'Life at Home(집에서의 생활)' 연구를 통해 전 세계 40개 도시, 수십만 명의 고객을 대상으로 가정 내의 작은 순간들을 추적한다.

- 하루 중 가장 행복한 순간
- 조명을 켜는 첫 순간의 감정
- 집 안 향기의 변화에 대한 반응
- 특정 가구가 놓여 있을 때의 심리적 안정감

이케아는 이러한 데이터를 시각화하여 고객별 '정서적 지도'를 그린다. 이 지도는 단순한 제품 추천에 쓰이는 것이 아니라 신제품 디자인, 매장 동선 설계, 체험 공간의 조명과 소리, 향기까지 포함한 감각적 연출에 반영된다. 예를 들어, 최근 한국에 도입된 이케아 '휴식존'은 한국 소비자의 스트레스와 휴식 욕구 데이터를 기반으로 설계되었다. 이 공간은 천천히 흐르는 자연 소리, 최소한의 시각 자극, 향기와 촉감 중심의 모듈형 체험존으로 구성되어 고객이 '집 같은 편안함'을 공공 공간에서도 느낄 수 있도록 한다. 이케아 코리아의 브랜드 경험 총괄 책임자 안나 스벤손 Anna Svensson은 인터뷰에서 이렇게 말한다.

"데이터는 제품을 팔기 위한 것이 아니라, 사람의 삶 속에서 일어나는 감정적 순간들을 해독하는 언어다. 우리는 그 언어를 통해 집이라는 가장 개인적인 세계 안에서 브랜드를 조용히 심어 두려 한다."

일본의 라이프스타일 편집 브랜드 츠타야는 서점이자 카페, 갤러리, 커뮤니티 공간을 융합한 하이브리드 공간에서 감정 데이터를 수집한다. 고객이 어떤 책 앞에 오래 머물고 있는지, 커피를 마시며 어떤 음악에 고개를 끄덕이는지, 친구와 대화할 때의 표정 변화까지 AI 카메라가 비식별 방식으로 분석한다. 츠타야는 이를 바탕으로 개별 고객에게 '감정 추천 큐레이션'을 제공한다. 예컨대, '오늘 하루가 조금 무겁게 느껴지나요? 이 따뜻한 소설과 재즈 플레이리스트를 추천해 드립니다.'라는 식의 맞춤형 제안이 매장 내 스마트 태블릿과 앱에 연동된다. 이 시스템은 고객의 감정을 따라 유동적으로 변화하며, 츠타야가 단순한 서점이 아니라 '정서적 도서관'이 되도록 한다. 츠타야의 창립자 마사야 히라노Masaya Hirano는 인터뷰에서 이렇게 말한다.

"책은 정보가 아니라 감정의 교환이다. 우리는 데이터와 AI를 통해 고객의 마음을 함께 걸어가는 브랜드가 되고자 한다."

데이터 기반 감정 설계의 가능성은 무궁무진하다. 그러나 동시에 브랜드는 중요한 윤리적 질문에 직면한다.

- 감정을 지나치게 예측하고 개입하는 것은 과연 윤리적인가?
- 브랜드는 어디까지 고객의 사적 감정 영역에 들어가야 하는가?

영국 옥스퍼드대학교의 감정 AI 연구자 에밀리 라이트Emily Wright 교수는 이렇게 경고한다.

"AI는 감정 데이터를 분석할 수 있지만, 고객의 내면을 '소유'할 권리는 없다. 데이터 기반 감정 설계는 사람을 움직이는 도구가 아니라 감정을 존중하는 통로여야 한다."

이 윤리적 균형을 지키는 브랜드만이 장기적인 관계 신뢰를 쌓고, 감정 기반 브랜딩을 지속적으로 유지할 수 있다.

국내 프리미엄 티 하우스 브랜드 티차TEACHA는 '티-개인화 Tea-Personalization'라는 개념을 실험하고 있다. 고객이 매장에 들어오면 AI 기반 센서가 체온, 얼굴의 혈류, 목소리 톤을 분석해 현재의 심리적, 생리적 상태를 파악한다. 고객에게 '오늘 당신을 위한 차는 몸을 따뜻하게 풀어주는 진저 블렌드' 또는 '마음을 차분히 정돈하는 화이트 티' 등을 제안한다. 이 브랜드는 메뉴 추천뿐 아니라 차를 따르는 물 온도, 음료에 담긴 문장 카드, 음악과 향기까지 모두 감정 데이터에 맞춰 조율한다. 티차의 대표 이준호는 이렇게 말한다.

"차 한 잔은 순간의 기분을 담는 그릇이다. 우리는 AI를 통해 그 그릇에 맞춤형 감정 언어를 담아 고객이 차를 마시는 순간부터 집으로 돌아가는 길까지 하나의 정서적 여정으로 기억하게 한다."

데이터 기반 감정 설계는 단순한 개인화가 아니라 '감정의 지도'를 그리고, 그 위에 브랜드의 철학을 올리는 작업이다. 브랜드는 데이터를 통해 고객을 세밀하게 이해하지만, 궁극적으로는 그 데이터를 초월한 '감정의 서사'를 만들어야 한다.

- 단순히 '당신은 이런 것을 좋아할 거예요'가 아니다.
- '오늘의 당신, 이 순간을 기억하고 싶습니다'라는 초대다.

브랜드는 데이터를 도구로 사용하되, 그것이 목적이 되어서는 안 된다. 데이터를 넘어서는 감정 설계는 결국, 사람과 브랜드가 함께 만들어가는 기억의 축적이다. AI는 데이터를 통해 감정을 분석할 수 있다. 그러나 사람은 데이터가 아니라 감정으로 브랜드를 기억한다. 브랜드는 이제 묻는다.

'당신이 느꼈던 그 순간, 우리는 어떤 존재로 남았습니까?'

브랜드 전략,

AI 시대의 새로운 원칙은 무엇일까?

**AI 시대에 맞는
전략적 프레임워크**

'기술이 감정을 대체할 수 있는가?' 우리는 이 질문을 AI 시대의 문 앞에 두고 서 있다. 브랜드는 오랜 시간 사람의 마음을 향해 다가가기 위해 수많은 언어와 이미지를 발명해왔다. 이제 그 언어는 코딩되고, 그 기억은 알고리즘 속에 저장된다. 그럼에도 불구하고 우리는 여전히 묻는다. '우리는 왜 존재하는가? 우리의 철학은 어떤 감정으로 흐르는가? 기술이 아닌 사람의 기억 속에 남기 위해 우리는 무엇을 해야 하는가?' 브랜드가 AI 시대에도 기억되고 사랑받으려면 단순한 자동화나 퍼포먼스 지표를 넘어서는 철학과 태도를 가져야 한다. 그 본질은 결국 감정이며, 그 감정은 철학적 일관성과 정서적 깊이를 통해 유지된다.

다음은 AI 기반 브랜드 전략을 설계하는 다섯 가지 원칙이다. 이 원칙은 기술을 넘어 감정적 설계와 존재 이유를 품은 전략 프레임워크다.

원칙 1. 브랜드 철학을 API화하라

브랜드의 정체성과 감정 코드를 기술 시스템에 내장하라. AI가 브랜드의 일상을 자동화할수록 브랜드 고유의 감정 언어는 단지 마케팅 문구가 아닌 운영 시스템의 철학적 코어로 작동해야 한다. 이제 브랜드는 슬로건이 아니라 사람처럼 말하고 느끼는 기술 언어를 가질 필요가 있다. '우리 브랜드는 어떤 감정으로 고객과 관계 맺고 싶은가?'라는 질문에 답할 수 없다면, AI가 아무리 정교해도 그것은 브랜드가 아닌 기능적 응답 시스템에 지나지 않는다. 브랜드 전략가 마티 뉴마이어는 "브랜드는 기업이 말하는 것이 아니라, 고객이 경험하는 철학이다."라고 말했다.[6]

이 말은 기술이 감정을 대체하는 시대에 오히려 더욱 유효하다. 브랜드의 철학이, 말이 아닌 경험으로 흐를 수 있으려면 시스템 안에 감정을 코딩해야 한다.

에어비앤비의 철학은 기술 안에서 말한다. 브랜드 철학을 외치지 않는다. 그들은 말 대신 경험 전체에 그 철학을 심어두었다. 'Belong anywhere(어디서든 당신의 자리를 느끼게 하라)'는 문장은 단순한 캠페인이 아니라, 모든 기술적 인터페이스에 감정의 언어로 녹아 있다.

- 고객이 숙소를 검색할 때, 추천 알고리즘은 여행자보다 여행자의 마음을 먼저 헤아리는듯한 방식으로 응답한다.
- 예약 확인 메시지는 정형화된 문구가 아니라 '오늘도 어딘가에 속할 수 있게 되어 기쁩니다'라는 말로 여행의 감정을 보듬는다.
- 호스트에게 제공되는 매뉴얼도 감정 기반 언어로 구성되어 있다.

예컨대, '청결을 유지하세요'가 아니라 '게스트가 처음 문을 열었을 때 안심이 되도록 해주세요'라는 문장이 먼저 등장한다. 이러한 감정의 내재화는 시스템적으로 설계된 것이다. 에어비앤비의 브랜드 감성 API는 단지 명령을 전달하지 않고 모든 자동응답, UI 문장, 가이드라인, 후기 안내에 이르기까지 하나의 철학적 감정을 일관되게 표현한다.

기술이 말하는 시대, 브랜드는 철학으로 말해야 한다. 그 철학은 문장보다 코드로, 기획보다 구조로 존재해야 한다. 이것이 브랜드 철학의 API화다. 'AI 챗봇의 말투', '리마인드 알림의 어조', '추천 상품의 설명 방식' 등 이 모든 것이 하나의 감정적 철학으로 연결되어 있다면, 브랜드는 사람처럼 느껴지고 기억 속에 정서적으로 내장된 존재가 된다.

원칙 2. 인터랙션을 데이터로 설계하라

감정을 경험하는 순간을 디지털 구조로 추출하라. 브랜드는 이제 더 이상 일방적으로 말하는 존재가 아니다. 고객과 나누는 수많은 작은 대화들—버튼을 누르는 순간, 알림을 받는 타이밍, 앱을 열고 나가는 리듬—속에서 브랜드는 매일 조금씩 말하고 듣고 반응하는 존재로 진화하고 있다. '인터랙션을 데이터로 설계한다'는 말은 단순히 디지털 채널을 늘리는 것이 아니다. 그것은 브랜드가 감정을 주고받는 모든 순간을 데이터로 기억하고, 감정으로 해석하고, 정체성으로 이어가게 한다는 의미다. 이러한 인터랙션 전략의 진화는 디지털 마케팅의 흐름 속에서 다음과 같이 전개되어왔다.

1단계: 고객이 '찾는' 시대-검색 기반 마케팅 Search Marketing

- 브랜드는 키워드로 반응하고, 고객의 의도를 수동적으로 기다렸다. 검색창에 입력된 단어만이 유일한 대화의 문장이었다.

2단계: 브랜드가 '말을 거는' 시대-소셜 콘텐츠 마케팅 Social Content Era

- 인스타그램, 유튜브를 통해 브랜드는 감정을 말하기 시작했다. 팔로우, 좋아요, 공유는 고객의 관심을 넘어서 브랜드와 관계를 맺는 첫 번째 감정적 행동이 되었다.

3단계: '성과로 측정되는' 시대-퍼포먼스 마케팅 Performance Marketing

- 클릭률(CTR), 전환당 비용(CPA), 광고 수익률(ROAS) 같은 숫자들이 브랜드의 말에 의미를 부여했다. 많은 브랜드가 이야기를 잠시 멈추고 데이터의 반응만을 좇게 되었다.

4단계: AI가 감정을 예측하는 시대-AI 기반 예측 및 개인화 마케팅 AI Commerce Era

- 이제는 브랜드보다 알고리즘이 먼저 반응한다. 틱톡의 피드, 쿠팡의 로켓 추천, 넷플릭스의 콘텐츠 큐레이션 등 우리는 브랜드가 나를 알아보는 것이 아니라 AI가 나의 감정을 먼저 헤아리는 시대에 살고 있다.

그러나 기술이 이토록 진화한 이 시점에서 우리는 다시 질문을 던져야 한다. '우리 브랜드는 이 모든 기술 안에서 어떤 감정을 전달하고 있는가?' 기술은 브랜드가 더 정교하게 반응할 수 있도록 도와주는 도구다. 하지만 고객의 마음에 남는 것은 브랜드가 준 정보가 아니라 '어떤 감정을 나누었는가?'이다. 감정이 흐르는 인터랙션을 위해 브랜드는 무엇을 해야 하는가?

- 각 채널은 말투를 바꾸게 만들지만, 정체성은 바뀌면 안 된다. 브랜드는 앱에서는 따뜻하고, 알림에서는 차가우면 안 된다. 기술이 달라도 감정의 결은 같아야 한다.
- AI가 똑똑해질수록 브랜드는 더 '사람다워야' 한다. 알고리즘은 타이밍을 줄 수 있지만, 그 순간을 '기억하게 만드는 감정'은 브랜드만이 줄 수 있다.
- 데이터 중심 설계는 정체성을 코딩하는 일이다. 감정의 순간을 추적하고, 반응하고, 확장하는 기술 속에 브랜드다움이 살아 있어야 한다.

실천 전략은 감정을 중심으로 설계하기다.

1. **마이크로 인터랙션에 감정을 입혀라**
   - 버튼 클릭, 후기 작성, 스크롤 멈춤…. 이 작은 순간들이 바로 브랜드의 말투다. '감사합니다. :)' 같은 말 하나가 고객의 기억 속에 오래 남는다.
2. **기능 단계가 아니라 감정 단계로 여정을 분석하라**
   - '회원 가입→결제→배송'이 아니라 '기대→불안→만족→다시 찾음'이라는 감정의 흐름을 기준으로 고객 여정을 분해해보라. 고객은 어디에서 지루해하고, 어디에서 안심하며, 어디에서 웃게 되는지를 살펴야 한다.

'모든 사용자는 행동보다 감정으로 움직인다.'[7] 기술이 모든 것을 자동화할 수 있는 시대, 브랜드는 무엇을 해야 할까? 정체성을 기억하고, 감정을 설계하고, 관계를 지속시켜야 한다. 인터랙션을 데이터로 설계한다는 것은 고객과의 모든 대화를 기억하고, 그 안의 감정을 읽고, 그것을 나만의 언어로 재해석하는 능력이다. 그렇게 브랜드는 사람처럼 말하고, 사람처럼 기억되며, 사람처럼 관계를 맺는 존재가 된다. 그것이 기술 속에서도 브랜드가 브랜드로 남을 수 있는 유일한 길이다.

원칙 3. 해석의 루프를 자동화하라

감정 해석을 멈추지 않는 브랜드로 만들어라. 브랜드는 매일 해석당한다. 고객은 말없이 앱을 나가기도 하고, 구매 대신 장바구니에 담아만 두기도 하며, 리뷰 한 줄로 깊은 감정을 표현하기도

한다. 이 모든 반응은 브랜드가 어떻게 '느껴지고 있는지'를 말해주는 감정의 데이터다.

과거에는 이 해석을 사람이 하나하나 읽고 분석했다. 하지만 지금은 그 해석을 브랜드 스스로 실시간으로 인식하고 조율할 수 있는 구조, 즉 해석의 루프가 필요하다. AI는 이 역할을 가능하게 한다. 단순히 기능을 자동화하는 기술이 아니라 고객의 감정 신호를 읽고 그에 맞춰 브랜드의 말투, 응답, 화면, 경험을 끊임없이 조정할 수 있는 감정 감지 시스템이다. 실천 구조의 예시를 보면 다음과 같다.

- 챗봇+감정 분석 모듈→고객 문장 속 부정적 정서를 인식하고, 말투를 더 따뜻하게 조율한다.
- 후기 자동 분석→반복되는 불만 키워드를 감지하면 UI나 문구, 설명 방식을 미세 조정하는 시나리오가 자동으로 생성된다.
- 이탈 타이밍 감정 진단→고객이 이탈할 때 남긴 마지막 클릭, 검색어, 체류 시간 등을 통해 감정 곡선을 분석하고 다음 메시지의 어조를 바꾼다.

브랜드는 이제 '말하는 존재'를 넘어서 고객이 어떻게 해석하고 있는지를 실시간으로 듣고 반응할 수 있어야 한다. 그 해석은 단발적인 피드백이 아닌, 계속해서 순환하며 진화하는 정서의 루프가 되어야 한다.

원칙 4. 브랜드 세계관을 프로그래밍하라

감정의 질서를 이루는 브랜드 우주를 만들어라. 좋은 브랜드는 하나의 제품을 넘어서 하나의 세계관을 형성한다. 이 세계는 단순히 '무엇을 파는가?'가 아니라 고객이 정서적으로 진입하고 머무를 수 있는 감정의 우주다. 오늘날 AI는 이 세계를 구현할 수 있는 최고의 도구다. 추천 알고리즘, 대화형 에이전트, 개인화 콘텐츠는 브랜드가 설정한 정서적 규칙에 따라 움직이며 그 안에서 고객은 마치 하나의 정서적 현실을 살아가게 된다. 다음은 감정적 세계관의 구축 사례다.

- 무신사는 옷을 파는 플랫폼이 아니다. '힙함', '자기표현', '놀듯이 쇼핑'이라는 감정이 옷, 콘텐츠, 피드백, 캠페인을 통해 브랜드의 우주로 확장되고 있다.
- 도브는 단순히 비누나 로션을 판매하지 않는다. '진정한 아름다움은 다양성과 자존감에서 시작된다'는 철학이 캠페인, 커뮤니티, 영상, 패키지에 이르기까지 하나의 감정 서사로 응축된다.

세계관은 브랜드가 고객과 나누는 이야기의 구조다. 브랜드가 '무엇을 말하는가?'뿐만 아니라 '어떤 정서를 중심에 두고 세계를 구성하는가?'를 드러내는 것이며, AI는 그 세계의 구조와 리듬을 자동화하는 건축가가 된다. AI는 브랜드를 하나의 시스템이 아닌 하나의 '세계관'으로 전개할 수 있는 가능성을 제공한다.

이 원칙의 본질은 이렇다.

- 브랜드는 하나의 제품이 아니라 고객이 진입하고 정서적으로 몰입하는 감정적 우주가 되어야 한다.
- 세계관은 브랜드가 고객과 나누는 가치의 서사 구조이며, AI는 그 세계를 구현하는 기술 내비게이터 역할을 한다는 것에 있다.

원칙 5. 브랜드 윤리와 지속 가능성을 내재화하라

기술이 사람을 닮게, 감정이 기술을 품게 하라. AI는 브랜드의 말하기를 정교하게 만들어주는 기술이다. 그러나 기술이 감정을 대체하려고 할 때, 우리는 반드시 한 가지를 기억해야 한다. 사람은 감정을 '흉내 내는 기술'보다 감정을 '존중하는 태도'를 기억한다. 윤리란 단지 선언문이 아니라 감정 설계의 핵심이다. 고객은 자신의 데이터를 브랜드가 어떻게 사용하는지를 알고 싶어 한다. 자동응답이 아무리 빨라도 먼저 이해하려는 태도가 없다면 그것은 감정 설계가 아니다. 실천 예시는 다음과 같다.

- 추천 알고리즘이 개인화된 상품을 보여주기 전, '당신의 데이터를 이렇게 쓰려 합니다. 괜찮으신가요?'라는 친절한 설명이 필요하다.
- 챗봇이 고객 불만을 응대할 때, 먼저 사과하고 그다음 기능을 설명해야 한다. 그 순서 하나가 브랜드의 인격을 만든다.

윤리적 브랜드는 감정을 공감의 도구로 쓰는 것이 아니라, 관계를 지키는 약속으로 여긴다. AI가 아무리 강력해져도 고객은 여전히 사람처럼 말하고, 사람처럼 배려하는 브랜드에 끌린다. 기술은 감정을 표현할 수 있다. 하지만 감정을 이해하고 존중하는 태도는 브랜드만이 할 수 있는 일이다. 이제 브랜드는 사람처럼 말할 뿐 아니라 사람처럼 생각하고, 사람처럼 반응하며, 사람처럼 관계를 이어가는 존재가 되어야 한다. 그 시작은 해석하고, 상상하고, 존중하는 감정 설계에 있다.

결국, AI 시대의 브랜드 전략은 하나의 문장으로 귀결된다. '우리는 어떻게 기술을 넘어 당신의 마음속에 살고 싶은가?' 이 질문에 진심으로 답할 수 있는 브랜드만이 기능과 데이터의 파도를 넘어 기억과 감정의 섬에 닿을 수 있다.

브랜드 철학,
API로 구현하면 무엇이 달라질까?

브랜드 가치와 철학의 디지털 전환

AI는 브랜드가 세상과 소통하는 방식 자체를 구조적으로 바꾸고 있다. 수많은 챗봇과 인터페이스, API는 이제 브랜드를 대표하는 하나의 '디지털 프론트'가 되었다. 그러나 이 접점들이 단지 자동화된 기능 집합에 머문다면, 브랜드는 더 이상 '기억되는 철학'을 가지기 어렵다. 철학 없는 자동화는 브랜드를 무색하게 만든다.

오늘날 고객은 브랜드의 철학을 광고가 아니라 '사용자 경험 User Experience'을 통해 체험한다. 브랜드는 말로만 가치와 신념을 외칠 수 없다. 그것은 앱의 인터페이스 구조, 챗봇의 말투, 추천 알고리즘의 기준, 오류 메시지의 어조에 이르기까지 모든 디지털 작동 방식 속에 구현되어야 한다. 이에 따라 기업은 다음의 질문을 던져야 한다.

'우리가 중요하게 여기는 가치를 API로 구현할 수 있는가?'

브랜드 철학의 디지털 구현은 가능할까? 전통적인 브랜드 철학은 '슬로건'이나 '비전 선언문' 형태로 정리되었다. 그러나 AI 기반 인터랙션 환경에서는 더 이상 선언만으로는 충분하지 않다. 브랜드 철학은 이제 프로그래머블한 구조로 설계되어야 하며, 다음과 같은 요소에 반영되어야 한다.

- 데이터 기반 의사결정 규칙
  예: 우리 브랜드는 고객의 프라이버시를 최우선으로 한다. → 데이터 수집 최소화 API 설정
- 디지털 인터페이스 디자인 원칙
  예: 모두를 위한 포용적 브랜드 → 성별, 연령, 문화적 배경을 고려한 UI 설계
- 자동화 응답 시스템의 어조 및 공감 수준
  예: 우리는 고객의 감정을 존중한다. → 챗봇의 사과 메시지에서 진심을 느낄 수 있도록 조율

MIT 미디어랩의 케이트 크로퍼드Kate Crawford는 다음과 같이 말했다.

"AI는 기술의 문제만이 아니라 가치의 문제다. 그 알고리즘이 어떤 가치를 기준 삼는가에 따라 결과는 전혀 달라진다."

이 말은 기술의 중립성이라는 환상을 넘어 AI 시스템이 브랜드 철학의 실천 도구가 될 수 있음을 시사한다.

환경보호를 핵심 철학으로 삼는 파타고니아는 API 구조에서도 이 가치를 구현한다.

- 제품 상세 페이지에 '탄소발자국' 정보를 자동 계산하여 노출
- 배송 추천 알고리즘이 가장 친환경적인 경로를 우선 제공
- 반품 유도 시 '제품 수명 연장'과 재사용 가이드를 함께 제공

이는 단순한 기능 구현이 아니라 브랜드 철학이 프로그래밍된 신념으로 이어진 사례다.

영국의 디지털 은행 몬조는 브랜드 철학으로 '금융의 투명성'을 내세우며, 이를 API 정책에 직접 반영한다.

- 고객이 접근한 모든 금융 기록은 즉시 실시간으로 알림
- 챗봇도 예외 없이 대화 내역을 고객에게 전송
- 내부 알고리즘(예: 신용도 평가 로직) 일부를 고객과 공유

이처럼 몬조는 '투명함'이라는 철학을 단지 콘텐츠로 말하는 것이 아니라, 시스템적으로 보증한다.

철학이 코딩된다고 해서 고객이 그것을 명확히 인식하지는 않는다. 그러나 브랜드는 철학이 '감지될 수 있게' 만들어야 한다. 다음과 같은 디테일이 그것을 가능케 한다.

- 톤의 일관성: 같은 브랜드가 요청할 때와 사과할 때 어조가 달라지는 순간, 고객은 이질감을 느낀다.
- 의도 감지 기반 메시지: 고객이 부정적인 언어를 사용했을 때, AI가 이를 감지하고 위로의 문장을 보내는 시스템은 철학의 실천이다.
- 상황 기반 인터랙션: 고객이 긴급 상황일 때, '빠른 연결'을 우선하는 설계도 철학적 선택의 결과다.

즉, 고객은 브랜드 철학을 '읽지 않고', '경험'한다. 그 경험은 시스템이 구현한 반복 가능한 방식으로 축적된다.

브랜드 철학의 디지털 구현은 강력한 설득력을 가진다. 하지만 동시에 다음과 같은 윤리적이고 전략적인 질문을 동반한다.

철학은 자동화될 수 있는가?
- 철학의 실천은 본질적으로 인간의 결단을 요구한다. 그러나 AI가 판단의 기준이 되는 순간, 브랜드는 철학의 실천을 '규칙'으로 전환해야 한다.

API가 철학을 배신하지 않으려면?
- 데이터 활용이나 추천 시스템이 브랜드 철학과 충돌할 경우, 기술은 수단이 아닌 '검증 대상'이 되어야 한다.

디지털 전환이 철학을 단순화하지 않으려면?
- API로 구현된 브랜드 철학은 축약될 위험이 있기 때문에, 이때 필요한 것은 철학의 '핵심 감정'을 유지하는 정서적 UX 설계다.

브랜드 철학이 '슬로건'이었던 시대는 끝났다. 이제 철학은 프로그래밍 가능한 태도가 되어야 하며, 그 판단은 코드의 기준, 데이터의 흐름, 인터페이스의 구조 속에서 표현된다.

전통적인 브랜드 철학은 주로 슬로건, 미션 스테이트먼트, 광고 문구 같은 '감성적 언어'로 전달되어왔다. 그러나 디지털 기술이 브랜드 경험의 핵심으로 부상한 오늘날에 API와 같은 '시스템적 언어'는 브랜드와 고객, 파트너 간의 상호작용을 실질적으로 가능케 하는 기술적 토대다. API 정책서에는 어떻게 데이터가 관리되고, 어떤 서비스 규칙이 적용되며, 브랜드가 어떤 방식으로 사용자 경험과 개인정보를 보호하고 투명성을 유지하는지가 명확하게 규정된다.

따라서 브랜드 철학이 API 정책서에 '먼저' 드러난다는 말은 단순한 기술 예언이 아닌 브랜드가 디지털 생태계에서 자신의 핵심 가치를 '코드와 시스템'에 녹여내고 이를 통해 신뢰와 정체성을 증명하는 새로운 방식이 부상하고 있음을 의미한다. 이는 브랜드가 감성적 언어를 통한 '이야기' 전달을 넘어서 명확한 시스템 설계와 운영 방침으로 고객과 시장에 자신을 증명하는 '시스템적 증명'을 추구하는 현상으로 해석할 수 있다.

디지털 브랜드 전략가 클레어 하디Claire Hardy는 "앞으로 브랜드 철학은 문장이 아니라 API 정책서에서 먼저 발견될 것이다."라고 말한다. 이 말은 단순한 기술 예언이 아니다. 그것은 브랜드가 자신을 증명하는 방식이 감성적 언어에서 시스템적 언어로 확장되고 있다는 사실을 뜻한다. 브랜드가 미래를 준비하는 방법은 더 많은 광고를 만드는 것이 아니라, 더 정직하고 일관된 디지털 작동 원칙을 갖추는 일이다. 바로 그것이, '브랜드 철학의 API화'가 가진 궁극적 전략 가치다.

AI와 윤리,
브랜드는 어디까지 책임질 수 있을까?

기술 발전과 윤리적 책임의 조화

AI 시대의 브랜드는 더 이상 기술의 '사용자'에 머무르지 않는다. 브랜드는 기술을 경험의 언어로 번역하고, 사회적 맥락에서 감정과 가치를 중재하는 '해석자'로 기능한다. 바로 이 지점에서 브랜드는 윤리적 딜레마를 맞이한다. 기술은 점점 더 빠르게 진화하지만, 그로 인해 발생하는 사회적 책임과 윤리적 판단은 여전히 뒤따라가는 형국이다.

　브랜드가 AI 기술을 활용하는 것은 단순한 운영 효율성이나 자동화의 문제가 아니다. AI 챗봇이 고객에게 어떤 말을 건네는지, 추천 알고리즘이 어떤 상품을 보여주는지, 사용자의 데이터를 어떤 기준으로 수집하고 해석하는지…. 이 모든 행위는 브랜드가 윤리적 결정을 내리는 '사회의 주체'로 기능하고 있다는 사실을 보여준다.

AI 윤리와 사회적 영향 연구의 선구자 케이트 크로퍼드는 "브랜드는 더 이상 소비자의 선택을 유도하는 존재가 아니라, 그 선택의 조건을 설계하는 존재다. 그렇다면 브랜드는 그 책임도 함께 져야 한다."라고 말한다. 이제 브랜드는 '무엇을 제공할 것인가?'만이 아니라 '어떤 선택지를 만들고 어떤 기준으로 배제할 것인가?'에 대한 윤리적 질문에 직면하고 있다.

AI가 브랜드 경험을 설계하는 시대, 데이터는 브랜드의 '감정 도구'이자 '윤리적 시험대'다. 문제는 이 데이터가 중립적이지 않다는 점이다. 알고리즘은 종종 과거 데이터를 학습하면서 사회적 편견과 차별을 무비판적으로 재현한다. 그 결과는 곧 브랜드의 언어가 되고 태도가 된다.

예를 들어, 한 글로벌 뷰티 브랜드는 AI를 활용한 피부 톤 분석 서비스를 도입했지만, 데이터세트data set가 백인 중심으로 구성된 탓에 유색 인종 사용자들의 피부를 정확하게 인식하지 못했다. 이 서비스는 '가장 적합한 파운데이션 색상을 추천해준다'고 약속했지만, 결과적으로 특정 고객 집단을 배제하는 경험을 제공하게 되었다. 기술적 오류였다고 해명했지만, 소비자는 그것을 브랜드의 '의도'로 받아들였다.

브랜드는 자신이 고른 데이터세트, 설정한 알고리즘, 자동화된 의사결정 결과를 통해 결국 '누구를 보살피고 누구를 배제할 것인가?'를 결정한다. 이 책임은 기술 회사가 아니라, 그것을 브랜드 경험으로 번역한 브랜드에게 귀속된다.

스탠퍼드대학교 디지털윤리센터의 디렉터인 레이먼드 첸 교수는 "AI의 결정은 그 자체로 윤리적이지도 비윤리적이지도 않다. 하지만 브랜드가 그것을 어떻게 사용하는가는 철저히 윤리의 문제다."라고 강조한다.

AI는 브랜드의 말투를 자동화하고, 고객 응대 과정을 '24시간 작동하는 알고리즘'으로 바꾸어놓았다. 그러나 그 속에서 빠져버린 것은 감정이 아니라 태도다. 기술적 편리함이 인간적 배려를 대신할 수 없다는 사실은 너무도 자명하다. 많은 브랜드가 챗봇을 통해 '빠르고 정확한 응대'를 자랑하지만, 소비자가 기억하는 것은 '정확성'이 아니라 '감정의 밀도'다.

- 죄송합니다. 해당 문의는 접수되었습니다.
- 불편을 드려 정말 죄송합니다. 바로 확인해드리겠습니다. :)

이 두 문장은 기능적으로는 동일하지만, 정서적으로는 전혀 다른 기억을 남긴다. AI가 설계한 인터랙션이라 할지라도 브랜드는 그 문장의 어조와 감정을 통제해야 한다. 무표정한 말투는 고객의 마음을 닫게 만든다. 더 나아가, 브랜드가 '정서적 존재'로 인식되기 위해서는 기술적 일관성뿐 아니라 윤리적 일관성이 요구된다. 광고에서 포용성을 이야기하면서 고객 경험에서는 특정 집단을 배제하거나 불공정한 응대를 한다면, 그것은 기술의 문제가 아니라 윤리의 부재다.

　브랜드는 점점 더 많은 자동화된 의사결정을 실행한다. 개인화된 추천, 차별화된 혜택 제공, 실시간 응답, 동적 가격 정책…. 이 모두는 알고리즘이 판단하고 실행한다. 하지만 바로 그 순간, 고객은 묻는다.

- 왜 이 상품은 내게 추천되었지?
- 왜 나는 이 혜택을 받지 못했을까?
- 왜 이 챗봇은 내 말을 이해하지 못했지?

　이 질문에 브랜드는 'AI가 그렇게 판단했습니다'라고 답할 수 없다. 고객은 기술이 아닌 브랜드를 바라보기 때문이다. 따라서 브랜드는 '기술의 최종 사용자'가 아니라 '윤리 기준의 설계자'가 되어야 한다. 어떤 데이터세트를 쓰고, 어떤 기준으로 판단하고, 그 판단이 어떻게 정서적으로 해석되는지를 사전에 설계해야 한다. 이때 필요한 것은 정교한 코드가 아니라 감정에 대한 공감력과 사회적 책임의식이다. AI 전략 컨설팅 회사 '에티카 파트너스 Ethica Partners'의 수석 고문인 클레어 조셉은 다음과 같이 말한다.

　"브랜드는 윤리적으로 훈련된 AI 시스템을 사용하는 것이 아니라, 윤리를 감정 경험으로 번역할 수 있어야 한다. 고객은 브랜드의 정서에서 윤리를 감지한다."

　AI 시대의 브랜드 전략은 윤리를 단지 선언하거나 컴플라이언스compliance로만 다뤄서는 안 된다. 이제 윤리는 브랜드의 말투에서, 응답의 속도에서, 예외 처리의 태도에서 드러나야 한다.

- 같은 상황에서도 어떤 고객에게는 사과 메시지를, 어떤 고객에게는 자동화된 오류 알림을 보낸다면?
- 민감한 주제에 대해 일부 고객은 AI의 판단에 상처받고, 일부는 위로받는다면?
- 개인화된 경험을 약속했지만, 실제로는 특정 계층만을 위한 맞춤형 서비스라면?

이 모든 순간은 기술적 기능이 아니라 '윤리적 감정의 구조'에서 출발해야 한다.

기술은 '할 수 있다'에 집중한다. 하지만 브랜드는 '해야 하는가?'를 먼저 물어야 한다. 할 수 있다고 다 해서는 안 된다. 할 수 있지만 하지 않는 것, 이것이 브랜드의 윤리이며 진정성이다. 결국, 브랜드가 책임질 수 있는 범위는 기술의 한계가 아니라 감정의 진정성으로 결정된다. 우리는 '정확히 예측하는 브랜드'보다 '정확히 공감하는 브랜드'를 기억한다.

윤리란, 고객의 말에 반응하는 브랜드의 말투이며 기술의 경계를 감정으로 재단하는 태도다. 브랜드는 AI라는 도구를 통해 감정을 설계하지만 그 감정의 구조가 정당한가, 누구에게 상처를 주지 않는가를 끊임없이 되물어야 한다. 이제 브랜드 윤리는 제품 설명서에 담긴 정책이 아니라 일상 속 인터랙션에서 드러나는 작은 언어의 조율, 작은 배려의 반복 그리고 작지만 진심 어린 응답의 총합이다. 바로 거기서 우리는 윤리적 브랜드를 느끼게 된다. 기술과 감정이 충돌하는 시대, 브랜드는 그 사이에서 '공감하는 존재'로 기억되어야 한다. 그것이 AI 시대에도 사랑받는 브랜드가 되는 길이다.

우리 브랜드, AI 시대에 살아남을 수 있을까?

전략 점검을 위한
실무 도구와 가이드

브랜드는 지금, 커다란 질문 앞에 서 있다. '우리는 AI 시대의 조건 위에서 여전히 사랑받을 수 있을까?' 이 질문은 단순히 기술의 수용 여부를 묻는 것이 아니다. AI가 만들어낸 새로운 질서, 새로운 감정 구조, 새로운 관계 맥락 속에서도 여전히 '기억되고 싶은 존재'로 살아남을 수 있는가를 묻는 본질적인 질문이다. 그 물음에 답하기 위한 전략 점검의 출발점이자, 실무적으로 적용 가능한 워크시트의 구조를 제시하고자 한다. 지금 이 순간 브랜드를 운영하고 있는 이들에게 필요한 점검의 언어, 설계의 체크리스트, 생존의 감각을 전하고자 한다.

AI 시대의 브랜드 전략은 단순히 '데이터를 활용하는 전략'이 아니다. 그보다는 감정의 밀도, 기억의 서사, 접점의 정서를 섬세하게 설계하는 전략으로 재구성되어야 한다. 브랜드 전략의 패러다임은 '기능 중심'에서 '감정 중심'으로 옮겨가고 있으며, 이는 모든 실무 점검의 출발점이 되어야 한다. 브랜드 경험 설계 전문가 안나 워싱턴Anna Washington은 이렇게 말한다.

"AI는 브랜드의 기능을 자동화할 수는 있어도, 감정은 언제나 설계되어야 한다. 우리는 이제 '느낌을 프로그래밍하는 전략'을 갖추어야 한다."

실제로 많은 브랜드가 '정서적 실패'로 무너지고 있다. 챗봇이 빠르게 응답하지만 차갑고, AI 추천이 정교하지만 낯설고, 고객 여정이 자동화되어 있지만 공감이 없다. 이는 기술의 문제가 아니라 전략 점검의 방향이 감정에서 멀어졌기 때문이다.

AI 기반 브랜드 전략을 점검하기 위해서는 다음의 세 가지 축을 기준으로 삼아야 한다.

전략 축	핵심 질문	주요 점검 항목
1. 브랜드 존재 이유	우리는 왜 존재하는가?	브랜드 철학, 의도, 서사 구조
2. 인터랙션 설계	우리는 어떻게 말을 거는가?	톤, 말투, 타이밍, 감정 반응
3. 관계 유지 메커니즘	우리는 어떻게 연결을 지속하는가?	고객 여정 감정 설계, 피드백 루프, 응답 구조

이 세 가지 축을 기준으로 브랜드의 AI 도입 수준과 감정 설

계 성숙도를 동시에 측정할 수 있어야 한다. 단순히 '우리는 챗봇을 도입했는가?'가 아니라 '우리는 챗봇이 고객과 감정적 관계를 맺게 설계했는가?'를 질문해야 한다.

다음은 브랜드 실무자가 직접 활용할 수 있는 전략 점검 워크시트다. 각 질문은 전략적으로 구조화되어 있으며, 정량보다 정성의 언어로 점검하는 데 초점이 맞춰져 있다.

[A] 브랜드 존재 점검
- 우리 브랜드는 어떤 감정을 불러일으키는 존재로 기억되기를 원하는가?
- 이 감정은 현재의 제품·서비스·광고에서 일관되게 전달되고 있는가?
- AI 기술이 이 감정을 증폭하거나, 반대로 약화시키고 있지는 않은가?

[B] 인터랙션 점검
- 우리 브랜드는 어떤 말투와 어조로 고객에게 말을 거는가?
- AI 기반 메시지나 인터페이스에서 이 말투가 유지되고 있는가?
- 다양한 접점(챗봇, 알림, 웹, 오프라인 응대)에서 정서적 일관성이 있는가?

[C] 관계 유지 점검
- 고객은 우리와 '대화 중'이라고 느끼고 있는가?
- 감정 기반 피드백 루프는 어떻게 작동하고 있는가?

- 반복되는 인터랙션 속에서 브랜드의 성격은 더 깊어지고 있는가?

이 아홉 가지 질문은 단순히 마케팅 부서의 책임이 아니다. 브랜드를 구성하는 기획자, 디자이너, 개발자, 카피라이터, 데이터 사이언티스트 모두가 함께 참여해야 할 감정 중심 전략의 공용 언어다.

살아남는 브랜드의 조건

AI 기술이 브랜드 운영에 깊숙이 들어온 오늘, 결국 살아남는 브랜드는 다음의 조건을 충족해야 한다.

- AI-aware: 기술 구조와 작동 원리를 이해하고, 이를 브랜드 전략의 일부로 통합할 수 있음
- Emotion-centered(감정 중심): 고객의 감정 흐름을 중심으로 모든 접점을 설계하고 검증할 수 있음

감성 디자인의 대가 돈 노먼Don Norman은 그의 저서 《The Design of Everyday Things(일상적인 것들의 디자인)》에서 주로 사용성과 인지적 디자인 원칙에 대해 상세히 다루며, 좋은 디자인이란 단순히 기능적이고 효율적인 것에 그치지 않고 사용자가 직관적이고 편리하게 이해하고 사용할 수 있어야 한다고 강조한다. 하지만 노먼이 '기능만이 아니라 감정적 경험이 진정한 경쟁

력이다'라고 특히 강조한 것은 그의 또 다른 저서인 《Emotional Design(감성 디자인)》에서 더 명확하게 드러난다. 여기서 그는 디자인이 사용자의 본능적visceral, 행동적behavioral 그리고 반성적reflective 감정까지 자극해야 하며, 이 세 가지 감성적 차원을 모두 충족시키는 디자인이 경쟁력 있는 제품과 서비스를 만든다고 설명한다.

즉, 노먼은 오늘날의 제품과 서비스가 단순히 제 기능을 수행하는 것을 넘어서 사용자가 그것을 사용할 때 느끼는 기쁨, 즐거움, 만족감과 같은 감정적 경험을 핵심 요소로 삼아야 한다고 말한다. 이런 감정적 경험은 브랜드에 대한 장기적 충성도와 긍정적 인식 형성에 중요한 밑바탕이 되며, 노먼이 제안한 디자인 원칙들은 사용자가 제품을 '단순한 도구'가 아닌 '감성적으로 연결되는 경험'으로 받아들이게 만드는 데 중점을 둔다. 이를 위해 디자인은 형태·질감·인터랙션·심미성 등 모든 요소를 통해 감정을 자극하고, 사용자가 브랜드와 깊이 공감하도록 이끄는 역할을 해야 한다고 노먼은 설명한다.

한편, 디지털 경험 전문가 브라이언 솔리스Brian Solis는 현대 디지털 마케팅 및 브랜드 전략에서 기술의 탁월성만으로는 더 이상 충분하지 않다고 반복해서 강조해왔다. 그는 디지털 시대에 브랜드가 고객과 의미 있는 차별화를 이루기 위해서는 '감정 프로그래밍Emotional Programming'이 필수적이라는 점을 역설한다. 즉, 단순히 기술적 우수성이나 기능적 측면만으로는 고객의 마음을 사로잡기 어려우며, 브랜드가 고객의 감정을 설계하고 관리하는 능력, 곧 감정을 '프로그래밍'하는 역량이 브랜드 경쟁력의 핵심이 된다는 것이다.

솔리스는 브랜드와 소비자 간의 모든 접점에서 기술이 어떻게 감정을 이해하고 반응하느냐가 디지털 경험을 결정짓는 요소라고 말한다. 예를 들어, AI·빅데이터·맞춤형 마케팅 도구를 활용해 고객의 감정 상태와 니즈를 실시간으로 파악하고, 그에 맞는 커뮤니케이션과 경험을 설계함으로써 고객과의 깊은 정서적 유대와 신뢰를 구축하는 전략이 필요하다고 강조한다. 이러한 감정 프로그래밍은 브랜드가 단순 기능 중심을 넘어서 '인간 중심의 감성 경험'을 구현하는 혁신적 접근법으로 궁극적인 브랜드 차별점이자 지속 가능한 경쟁 우위로 작용한다.

요약하면, 돈 노먼은 디자인에서 기능성을 뛰어넘어 감정적 경험을 핵심 경쟁력으로 보았고, 그의 연구는 제품과 서비스가 사용자의 심리와 감정을 깊이 파고들어 긍정적 경험을 제공하는 데 무게를 두고 있다. 반면, 브라이언 솔리스는 특히 디지털 시대 브랜드 전략에서 '감정 프로그래밍'의 중요성을 강조하며, 기술이 감정을 포착하고 반영하는 능력이 브랜드 차별화와 고객 관계에 결정적 역할을 한다고 지속적으로 언급해왔다. 두 전문가 모두 감정과 경험을 중심에 둔 접근이 현대 브랜드와 제품이 성공하는 데 필수적임을 강력히 시사하고 있다.

기술을 도입한 브랜드는 많지만, 감정을 프로그래밍한 브랜드는 드물다. AI 시대는 '기술을 이해하는 감정가'가 이끌 것이다. 이 말은 브랜드의 새로운 인재상이기도 하다. 코드와 언어를 모두 아는 사람, 데이터와 공감을 동시에 설계하는 사람, 알고리즘을 감정적으로 조율할 수 있는 전략가…. 이들이 앞으로 브랜드의 생존과 진화를 이끌게 될 것이다.

AI 시대에 전략을 점검한다는 것은 곧 우리의 브랜드가 감정을 어떻게 설계하고 있는지를 돌아보는 과정이다. 이는 기술 도입 여부가 아니라 감정 설계 역량의 성숙도에 달려 있다. 우리는 감정 중심 브랜드 전략 원칙을 살펴봤다. 그 모든 원칙은 '사람의 기억 안에 오래 머무는 브랜드'를 만들기 위한 감정적 사고의 실천이다.

지금, 우리는 다시 물어야 한다. '우리 브랜드는 오늘 어떤 감정을 남겼는가?' 이 질문에 진심으로 답할 수 있는 브랜드만이, AI 시대에도 살아남을 수 있다. 그 생존은 단지 유지되는 것이 아니라 고객의 마음 안에서 지속적으로 '살아 있는 존재'로 진화하는 것이다.

4

AI와
브랜드의
미래

AI가
만든
인터랙션,

고객은
어떻게
느낄까?

**대화형 AI, 감정형 AI,
맞춤형 콘텐츠**

과거 브랜드와 고객의 접점은 광고, 전단지, 매장, 콜센터 같은 일방향 채널 중심이었다. 하지만 AI 시대 브랜드의 접점은 변화되었고, 말 걸고 듣고 반응하며 기억하는 존재로 진화했다. 브랜드가 사람들에게 '실제로 존재하는 것'으로 인식되는 순간은 그 브랜드와의 첫 마주침, 즉 '접점'에서 비롯된다. 고객은 브랜드 철학을 책으로 읽지 않는다. 대신에, 브랜드 앱을 열고 알림을 받고 제품을 개봉하고 챗봇과 대화하며 공간을 방문하면서 작고 반복되는 상호작용을 통해 브랜드의 존재 이유와 감정적 태도를 경험하고 기억하게 된다.

브랜드의 기억은 단순히 말로 남지 않는다. 고객이 마주치는 수많은 인터랙션 속에서 브랜드의 의도는 감정의 디테일로 번역되어야 하며, 바로 그 순간순간이 기억의 흔적으로 남는다.

- 앱을 열었을 때 어떤 색감과 문장이 나를 맞이했는가?
- 고객센터의 응답이 얼마나 따뜻했는가?
- 택배 박스를 열었을 때 브랜드가 내게 어떤 느낌을 줬는가?
- 광고 문구가 내 상황과 기분에 얼마나 공감했는가?

이 모든 작은 인터랙션의 총합이 곧 브랜드 경험이다. 이 경험은 기능이 아니라 감정의 구조로 설계되어야 기억된다.

브랜드의 철학이 아무리 훌륭해도 고객이 접하는 순간 그것이 실제로 느껴지지 않으면 그 철학은 '공허한 선언'으로 인식된다.

- 브랜드가 '포용성'을 말하면서 앱에서는 성별 선택지가 남/여만 있을 경우
- '정서적 케어'를 강조하는 브랜드의 챗봇이 딱딱한 기계 문장만 내보낼 경우
- '고객과 함께한다'고 말하면서 실제 구매 이후에는 아무런 접점도 없는 경우

이런 경우에서 고객은 브랜드의 말을 신뢰하지 않는다. 브랜드의 진정성은 언제나 접점에서 시험받고, 감정으로 검증된다.

디지털 시대의 브랜드 접점은 단순한 '접속'이나 '정보 제공'이 아니다. 그것은 감정을 일으키고, 기억을 심고, 태도를 전달하는 브랜드의 감각기관이다. 대화형Conversational AI의 등장은 브랜드와 접점에서 만나는 아주 익숙한 순간이 되었다. H&M의 키크Kik 챗봇은 사용자에게 스타일링 제안, 사이즈 조언, 주문 지원 등을 제공한다. 예를 들어, '휴양지 여행용 캐주얼 코디 추천해줘'라는 질문에 딱 맞는 제안을 하는 모습은 감성적 인터랙션의 전형이다. 뱅크오브아메리카Bank of America의 에리카Erica는 월 5600만 회 이상 대화하며 개인화된 금융 조언을 제공, 고객의 신뢰와 친밀감을 높이고 있다. 도미노피자 챗봇은 주문·추적·변경 과정 전체를 대화형으로 안내하며, 입체적인 감정 인터랙션을 구현한다. 대화형 AI 접점에서 고객은 이미 '기계가 아니라 내 말을 듣는 존재'라는 인상을 받는다. 이는 브랜드의 정서적 존재감을 높이며, 충성도를 크게 끌어올리고 있다.

감정을 감지하는 AI

감정 AI 기술은 음성 톤이나 텍스트 어조, 표정, 행동 패턴 등을 분석해 감정을 감지한다. 매리어트Marriott의 스마트 키오스크는 얼굴 인식 및 감정 상태에 따라 체크인을 자동 조정하고, 객실 선호도를 예측하며, 감정 기반 서비스(예: 조명·음악 추천 등)로 이어진다.

음성 톤과 타이핑 속도 분석만으로도 고객의 스트레스·피로·자신감 수준 예측이 가능하며, 서비스 감정 톤을 조정할 수 있다. 감정 AI 덕분에 브랜드는 '고객의 기분을 몰라서 놓치는' 대신 '지친 고객에게 공감하고 돕는' 관계를 설계할 수 있다.

맞춤형 콘텐츠, 초개인화

스포티파이 AI DJ는 사용자의 청취 히스토리, 시간대, 감정 상태 등을 분석해 개인 맞춤 플레이리스트와 음성 안내를 제공한다. 매리어트 본보이Bonvoy 앱은 체크인 메시지, 포인트 리마인더, 모바일 키까지 일관된 어조—직접 만나듯 따뜻하고 자연스러운 톤—로 구성되어 고객 경험 전반에서 유기적인 감정 흐름을 만든다. 이전에는 기능 중심 추천이 주를 이뤘다면, 이제는 '지금 당신이 느끼는 것을 기반으로 이런 경험을 드리고 싶습니다'라는 감정 기반 맞춤 경험이 브랜딩의 중심이 되었다.

이렇게 고객은 AI 인터랙션을 '효율적인 경험'이 아니라 나와 감정적으로 연결된 순간으로 인식한다.

- 도미노피자 채팅 주문은 단순 거래를 넘어 '내 취향을 이해하고 있다'는 느낌을 준다.
- 스포티파이, H&M 챗봇, BoA 에리카는 텍스트와 음성에서 따뜻함·재치·응원·안전감을 전달해 기능보다 관계 중심 경험으로 전환된다.

이처럼 AI 기반 인터랙션이 가져온 감정적 (착착 감기는) 경험은 브랜드에 대한 심리적 친밀감과 재방문 동기로 이어진다.

브랜드의 말투, 알고리즘이 정한다면?

대화형 마케팅의 진화

우리는 오래도록 브랜드가 '말하는 방식'을 정체성의 일부로 여겨왔다. 어떤 브랜드는 느리고 신중한 어조를, 또 어떤 브랜드는 가볍고 친근한 톤을 선택했다. 하지만 이제 이 말투는 정적인 것이 아니다. AI는 브랜드가 상황에 따라 톤을 조율하도록 만들었다. 브랜드가 항상 같은 말투로 말하지 않아도, 그 브랜드다움을 잃지 않는 시대가 도래한 것이다.

예를 들어, 영국 최초의 디지털 은행 스타틀링Starling은 챗봇 스텔라Stella를 통해 고객의 문의 유형과 시간대에 따라 말투를 세심하게 조정한다. 업무 시간 외 문의에 대해 스텔라는 '오늘 하루

어떠셨나요? 늦은 밤에도 찾아주셔서 감사해요.'라는 말로 대화를 시작한다. 이는 단순한 정보 전달이 아니라 브랜드가 '함께 시간을 보내는 존재'로 인식되도록 설계된 정서적 장치다.

"이제 브랜드의 말투는 하나의 고정된 스타일이 아니다. AI는 문맥과 감정에 따라 '브랜드다운 조정'을 가능하게 만든다. 브랜드의 음성은 더 이상 하나가 아니다. 그러나 그 다중성 속에서도 일관된 인상을 남기는 것이 오늘날 전략의 핵심이다."

이 내용은 〈하버드 비즈니스 리뷰Harvard Business Review〉 등에서 자주 강조되고 있다. 사람들은 브랜드가 무엇을 말했는지를 기억하지 않는다. 어떻게 말했는지를 기억한다. 이 말은 이제 단지 수사적 진실이 아니라 알고리즘 설계의 기준이 되었다.

스포티파이는 개인화된 재생 목록 추천을 넘어, 그 추천 문구 자체도 개인화한다. '이번 주, 당신을 위한 선율이 여기에 있어요.'라는 메시지는 단순한 AI 추천을 감정적으로 전환하는 언어적 장치다. 스포티파이는 추천 콘텐츠의 정서적 레이블링까지 학습해 '차분함', '활력', '위로', '집중'과 같은 감정을 기반으로 말투를 조절한다. 이는 콘텐츠의 맥락을 언어로 번역한 것이자, 감정적 언어 알고리즘의 결과다.

오늘날 대화형 마케팅은 AI 모델이 사용자 상태, 대화 이력, 반응 패턴을 실시간으로 분석해 적절한 언어 스타일을 생성하는 방식으로 진화하고 있다. 여기서 가장 주목할 부분은 '톤 엔진Tone Engine' 또는 '언어 감성 조절기'로 불리는 모듈이다.

미국의 화장품 브랜드 글로시에Glossier는 앱 내 챗봇 G-팀Team

에 감정 기반 언어 조절 기능을 적용하고 있다. 고객이 '피부 트러블', '실망', '배송 문제'와 같은 부정 키워드를 사용할 경우 챗봇은 정중하고 사려 깊은 톤으로 자동 전환된다. 반대로 '감사', '좋아요'와 같은 긍정적 표현에는 유쾌하고 친밀한 반응이 따라온다. 이러한 조절 능력은 단순히 친절해지기 위한 것이 아니다. 감정의 진폭에 따라 브랜드의 정서적 신뢰를 형성하는 과정이다.

AI는 브랜드의 말하기 방식을 '대화'에서 '관계 설계'로 전환시키고 있다. 특히 반복 학습을 통해 고객과의 장기적 감정 흐름을 인식하고, 이전 대화 문맥과 반응 감정을 기반으로 '다음 말을 예측하는 방식'은 브랜드와 고객 간 관계의 지속성을 높이는 데 기여한다.

예를 들어, 프랑스의 식료품 브랜드 미미일렉Mimilec은 고객 이력과 취향 데이터를 분석해 제품 추천은 물론, 알림 메시지의 말투까지 매주 조정한다. 감정 기반 알고리즘은 '이번 주는 조금 지쳤을지도요. 부드럽고 따뜻한 무화과 잼을 추천해 드릴게요.'라는 말로 사용자의 정서적 상태에 반응한다. 브랜드가 고객의 삶의 흐름에 동행하는듯한 인상을 주는 것이다. 이는 곧 대화형 인터페이스가 단순한 기능을 넘어 관계의 언어를 구사하고 있음을 보여준다. 브랜드가 기억되는 이유는 기능이 아니라 그 관계의 어조 때문이다.

AI가 브랜드의 말투를 설계하는 시대에도 결국 사람의 감정은 정교한 진정성을 요구한다. 브랜드는 다음의 원칙을 기억해야 한다.

- 브랜드의 어조는 기술이 설계하되, 철학이 기준이 되어야 한다.
- 모든 말은 '누구에게', '언제', '어떤 맥락에서' 하는가에 따라 달라져야 한다.
- 반복 가능한 구조 속에서도 변하지 않는 감정의 일관성이 필요하다.

MIT 미디어랩의 감정 컴퓨팅 연구자인 로잘린드 피카드 교수는 "진짜 감정은 예측 불가능하지만, 감정을 존중하려는 태도는 예측 가능해야 한다. 브랜드는 그것을 말투에 담아야 한다."라고 말했다. 또한 "기술이 인간 감정에 공감하고 존중을 표현해야 한다."라고 핵심 철학을 수차례 강조했다.

AI가 브랜드의 언어를 설계한다는 사실은 두려움이 아니다. 오히려 그것은 브랜드가 고객을 더 잘 이해하고, 더 섬세하게 다가갈 수 있는 새로운 가능성의 문이다. 단, 그 문을 여는 열쇠는 기술이 아니라 진심에서 비롯된 전략이다.

고객 경험, AI가 설계하면 무엇이 달라질까?

BEJ와 DEJ의
AI 기반 통합

첫 클릭, 첫 개봉, 첫 응답 … 이 모든 순간은 기능이 아니라 감정의 파동으로 남는다. 그런데 그 감정을 설계하는 주체가 이제 사람만이 아니라는 사실을 우리는 어떻게 받아들여야 할까? 과거의 브랜드 경험은 통제된 연출이었다. 기획자가 고객 여정을 설계하고, 디자이너가 분위기를 조율하며, 마케터가 감정을 유도했다. 모든 경험은 브랜드의 '의도'를 전제로 짜인 시나리오였다. 이를 우리는 BEJ(브랜드 경험 여정)Brand Experience Journey라 불러왔다. 그러나 이제 AI는 고객의 여정을 '측정 가능한 데이터'로 바꾸기 시작했다. 스크롤 속도, 클릭 경로, 응답 시간, 심지어 머뭇

거림까지…. 이 모든 데이터가 브랜드 경험의 지도를 다시 그리고 있다. 이것이 바로 DEJ(데이터-주도 경험 여정)Data-driven Experience Journey의 등장이다. 이 두 세계가 지금 충돌하거나, 아니면 통합되고 있다.

BEJ는 이야기다. 브랜드가 어떤 감정을 전달하고 싶은지, 어떤 기억을 남기고 싶은지, 의도된 흐름 속에 담긴 철학이자 미학이다. 반면, DEJ는 패턴이다. 수백만 명의 행동 데이터를 기반으로 도출한 '실제 여정'이며, 평균값의 미로다. AI는 이 두 흐름을 연결하는 다리 역할을 수행한다. 브랜드의 감정적 의도를 바탕으로 실제 고객의 행동 데이터를 실시간 분석하고, 그에 따라 경험을 조정한다.

예를 들어, 고객이 제품 상세 페이지에서 10초 이상 멈춘다면 AI는 '고민'이라는 감정 상태를 감지하고 적절한 메시지를 띄울 수 있다. '이 제품, 망설이셨나요? 다른 고객은 이런 점에서 만족했어요. :)' 이는 단순한 기능 제안이 아니라 감정 기반 반응의 자동화다. 즉, BEJ의 감성적 시나리오가 DEJ의 알고리즘 위에서 작동하는 순간이다.

AI는 BEJ의 설계 오류를 발견한다. 기획자가 의도한 감동의 순간이 실제로 고객에게 외면당하는 경우가 있다. 가령 '감성적인 환영 메시지'를 넣은 첫 화면이 3초 만에 이탈되는 데이터를 보면, 브랜드는 깨닫게 된다. '우리가 생각한 감정이 고객에게 전달되지 않았다.' DEJ는 BEJ의 감정을 검증한다. AI는 그 사이를 조율한다.

- 어떤 메시지가 감정적 여운을 남겼는지
- 어떤 경로에서 이탈이 가장 잦았는지
- 어느 시간대에 감정 기반 응답률이 높은지

이 모든 데이터를 기반으로 AI는 브랜드의 시나리오를 조용히 다시 써 내려간다. 그 변화는 마치 디자이너가 손으로 쓴 듯 자연스럽게 감정의 흐름을 만들어낸다.

경험의 자동화, 감정의 개인화

많은 브랜드가 DEJ에 매료된다. 왜냐하면 DEJ는 '성과'를 보장해주기 때문이다. 클릭률, 전환율, 체류 시간 등 모든 지표가 숫자로 증명된다. 하지만 진짜 위험은, 감정이 사라진 자동화다. 경험의 자동화는 때로 무표정을 낳는다. 모든 고객에게 똑같은 추천, 똑같은 챗봇 응답, 똑같은 인터페이스. 이것은 효율적이지만, 감정적으로는 텅 빈 여정이다. BEJ는 이 순간을 경계한다. 그래서 AI 기반 통합의 핵심은 '자동화된 개인화Automated Personalization'이다. 즉, DEJ는 개인화된 감정적 여정으로 진화해야 하며, BEJ는 그 감정을 설계하는 철학으로서 살아 있어야 한다. 결국, AI는 감정을 흉내 내는 기술이 아니라 브랜드 감정을 증폭시키는 기술이어야 한다.

지속 가능성을 브랜드의 정체성으로 삼은 파타고니아는 BEJ 중심 브랜드의 대표 주자다. 이 브랜드는 고객 여정의 중심에 '철학적 경험'을 두고, DEJ 기반의 자동화를 경계한다. 예를 들어,

웹사이트 첫 화면에서 제품보다 환경 메시지를 먼저 보여주며, 이탈률보다 '신념'을 선택한다. 하지만 파타고니아 역시 AI 기반 분석을 활용하고 있다. 제품 리뷰의 감성 분석, 친환경 콘텐츠의 공유 반응 분석, 각 지역 고객의 기후 관심도 등을 데이터화한다. 그 차이는 '데이터를 철학에 종속시킨다'는 점이다. 이처럼 브랜드의 BEJ 철학이 DEJ 기술 위에 우뚝 서 있을 때, 고객은 자동화가 아닌 '공감'을 경험한다.

에어비앤비는 DEJ 기반 설계를 탁월하게 수행한 브랜드다. 여행 중 고객의 불안정한 감정을 데이터로 감지하고, 이를 정서적 메시지로 전환하는 알고리즘을 갖추고 있다. 예를 들어, 고객이 예약을 취소한 직후 시스템은 다음과 같은 이메일을 보낸다. '여행이 취소되었다고 해서 여행의 꿈이 끝나는 것은 아니에요. 당신을 위한 다음 이야기를 함께 찾아볼까요?' 이 문장은 BEJ의 감정 설계와 DEJ의 행동 데이터를 AI가 통합한 결과다. AI는 마치 감정의 지휘자처럼 행동한다. 그는 수천만 명의 감정 리듬을 읽고, 브랜드가 그 흐름 위에서 감정을 연주할 수 있도록 도와준다.

브랜드는 다시 질문해야 한다.

- 우리는 고객의 행동만 보았는가, 아니면 감정도 읽었는가?
- 우리는 데이터를 쫓고 있는가, 아니면 감정을 설계하고 있는가?
- 우리는 자동화를 원했는가, 아니면 개인의 기억에 남기를 원했는가?

AI는 도구다. 하지만 이 도구가 만드는 여정의 감정적 품질은 브랜드의 선택에 달려 있다. BEJ는 감정을 말하고, DEJ는 데이터를 듣는다. 이 둘을 엮는 실이 바로 'AI 기반 감정 설계'다. 그 설계가 성공할 때 고객은 비로소 말한다.

'이 브랜드는 나를 이해했어.'

오프라인과 온라인, AI는 어떻게 연결할까?

디지털/오프라인 접점의 자동화와 최적화

경계가 사라지는 시대, 브랜드는 오프라인과 온라인 두 세계를 어떻게 잇는가? 오프라인과 온라인은 한때 서로 다른 세계였다. 매장은 '물리적 경험'의 공간이었고, 웹은 '정보 소비'의 도구였다. 그러나 AI는 이 두 세계를 하나의 유기체처럼 엮어내기 시작했다. 고객은 이제 웹에서 검색하고, 매장에서 시도하며, 다시 온라인에서 구매하고, 앱에서 관계를 지속한다. 경험의 흐름이 선형이 아닌 순환 구조로 진화한 것이다.

브랜드의 과제는 명확하다. 이 순환을 끊김 없이 설계하고, 감정적으로 연결하는 일. 단순히 '온라인에서 보고, 오프라인에서 산다'는 차원이 아니라 '브랜드가 나의 하루 속에서 언제 어디서나 나를 알아보고, 응답하며, 감정을 이어간다'는 감각을 만들어야 한다. 디지털과 오프라인은 더 이상 '채널'이 아니라 '감정이 이동하는 방향'이다. AI는 이 이동을 읽고 예측하며 더 섬세하게 엮는 역할을 한다.

AI가 브랜드의 디지털/오프라인 통합에서 수행하는 가장 중요한 역할은 단절 없는 경험의 자동화automation와 맥락 기반 최적화optimization이다.

자동화의 역할

- AI는 고객의 행동 데이터를 바탕으로 언제 어떤 접점에서 어떤 메시지를 줄지 스스로 판단한다.
  예를 들어, 오프라인 매장을 다녀간 고객에게 온라인 앱이 자동으로 '오늘 어떤 제품이 마음에 드셨나요?'라고 묻는다. 오프라인 접점에서의 감정을 데이터로 기록하고, 온라인 접점에서 그것을 이어가는 것이다.

최적화의 역할

- AI는 고객이 있는 위치, 시간, 상황, 날씨, 소비 이력까지 고려해 오프라인과 디지털 접점을 연결한다.
  예를 들어, 매장 방문 고객이 앱을 통해 예약 없이 입장하면 AI가 매장 상황에 맞춰 대기 시간을 줄이고 고객의 구매 이력을 기반으로 직원에게 전달되는 제품 추천이 조정된다. 이는 '감정 흐름의 최적화'이자 '기억의 정렬'이다.

이 모든 연결은 고객이 '하나의 브랜드로부터 하나의 일관된 감정 흐름'을 경험하고 있다는 착각이 아니라 실감을 만들어낸다. 오프라인과 디지털을 나누는 것이 점점 무의미해지는 이유다.

나이키는 전형적인 '스포츠웨어 브랜드'를 넘어서 '운동과 감정의 파트너'가 되기 위해 디지털/오프라인 통합을 정교하게 설계하고 있다.

- 고객은 앱에서 러닝 루틴을 기록하고, 오프라인 매장에서 그에 맞는 신발을 추천받는다.
- 오프라인 매장에서 발 측정 정보를 입력하면, 앱에서 맞춤형 운동 콘텐츠와 상품 추천이 제공된다.
- 매장 방문 기록, 착용 제품, 운동 습관은 AI가 종합 분석해 고객에게 맞춤형 챌린지나 응원 메시지로 변환된다.

이 흐름에는 단 하나의 공통된 목적이 있다. '나이키는 언제나 당신이 움직이는 순간 곁에 있다.' 기술적 연결이 아니라 감정적 동행이 브랜드 경험을 완성하는 핵심이 된다.

AI는 '감정의 매개체'가 되어야 한다. AI가 접점을 자동화하고 최적화할 수는 있다. 하지만 고객이 느끼는 브랜드 경험은 여전히 감정의 응답성responsiveness에 달려 있다. 오프라인에서 받은 친절한 응대가 온라인에서는 기계적인 응답으로 이어진다면 고객은 분열을 경험한다. 반대로, 온라인의 사려 깊은 메시지가 오프라인에서 '말을 모르는 직원'으로 연결된다면 감정의 연결선은 끊어지게 된다.

전략적 과제는 명확하다. 'AI를 감정의 번역가로 만들 것인가, 단순한 정보 전달자로 남게 할 것인가?' 브랜드 경험 디자이너 카일라 블룸버그Kyla Bloomberg는 "기술은 '알고 있는 것'을 기반으로 움직인다. 하지만 브랜드는 '느끼는 것'에 응답할 수 있을 때만 고객의 기억에 남는다."라고 말한다. 이것이 바로 오늘날의 AI 전략이 '기술'이 아니라 '감정의 연속성'을 중심에 두어야 하는 이유다.

앞으로의 브랜드는 '공간 간 이동'을 '감정 간 이행'으로 해석해야 한다.

- 오프라인 매장에서의 포근한 향기와 조명은 앱에서 따뜻한 톤의 메시지와 연결된다.
- 디지털의 인터페이스는 오프라인 직원의 말투나 제품 배치와 정서적으로 조화를 이룬다.
- 고객의 물리적 동선은 데이터상에서 감정의 흐름으로 추적되고, 다음 접점에서 감정적 응답으로 이어진다.

브랜드는 이제 경험의 출발점이 어디였는가를 묻지 않는다. 오프라인에서 시작했든, 온라인에서 시작했든 중요하지 않다. '고객이 어떤 감정으로 그 브랜드를 기억하게 되는가?' 그것이 최종 목적지다.

AI는 연결의 기술이 아니라 감정의 교량이다. 디지털과 오프라인은 기술적으로 언제든 연결될 수 있다. 하지만 감정은 기술처럼 명령어로 이어지지 않는다. 브랜드는 그 연결을 '기억 가능한 흐름'으로 설계해야 한다. AI는 데이터 기반 의사결정을 실시간으로 수행하고, 다양한 접점을 넘나들며 브랜드의 태도를 정렬해준다. 하지만 진정한 가치는 다음과 같은 순간에서 탄생한다.

- 앱을 닫으려 할 때 '오늘 하루 어땠나요?'라고 묻는 브랜드
- 오프라인 매장에서 나올 때 '방금 본 제품, 나중에 다시 보고 싶다면 여기에 있어요.'라고 메시지를 주는 브랜드
- 온라인에서 취향을 파악해 매장에서 조용히 추천만 해주는 브랜드

이러한 섬세한 감정의 이어짐이야말로 AI가 브랜드의 '진짜 말투'를 유지하며, 디지털과 오프라인을 하나의 감각으로 엮어내는 힘이다.

고객 행동,

AI가 예측하면 마케팅은 어떻게 달라질까?

고객 행동

예측 및 유도

한 사람의 고객이 브랜드를 만날 때 그 만남은 언제나 감정과 맥락의 흐름 속에 존재한다. '오늘은 어떤 기분일까?', '이 상황에서 어떤 선택을 할까?'라는 질문은 오랫동안 마케터의 직관에 의존해왔다. 하지만 이제, 이 감정적 예측의 영역에 AI가 들어서고 있다. 데이터를 읽고, 패턴을 감지하며, 다음 행동을 예측하는 기술은 더 이상 공상과학이 아니다.

    AI는 이제 브랜드가 묻기 전에 먼저 응답한다. 고객이 무엇을 원하는지를 예감하고, 말하지 않아도 알아채며, 그가 다음에 어떤 클릭을 할지, 어떤 문장에 멈추어 설지를 조용히 예측한다.

그러나 질문은 여전히 남는다. AI가 예측한 행동은 과연 고객이 '원한 것'일까, 아니면 '끌려간 것'일까? 예측은 통계적 계산이 아니라 관계의 윤리를 시험받는 순간이 된다.

    AI는 어떻게 고객 행동을 예측하는가? AI의 예측은 기본적으로 '과거'를 기반으로 한다. 고객의 클릭, 검색어, 머문 시간, 결제 패턴, 반응률 등 무수히 많은 디지털 흔적들이 학습 데이터가 된다. 이 데이터들을 바탕으로 알고리즘은 고객의 '의도'와 '관심interest', '가능성probability'을 추론한다. 대표적인 기술은 다음과 같다.

시퀀스 모델링 Sequence Modeling
- 고객의 행동 흐름을 시계열로 분석해 다음 액션을 예측한다. 예: 넷플릭스의 추천 알고리즘

클러스터링 기반 세그먼트 모델링 Segment Modeling based on Clustering
- 유사한 행동 패턴을 보이는 고객 집단을 추출하고, 해당 군집의 행동 예측을 개별 고객에게 확장한다.

딥러닝 기반 행동 예측 Deep Predictive Modeling
- 특정 상황과 맥락에서 고객이 보일 감정적 반응을 정교하게 학습한다. 예: 스포티파이의 감정 기반 플레이리스트 추천

    이 모든 예측의 목표는 단순하다. 고객이 '그 순간'에 원하는 것을, '그 순간'에 제안하는 것이다. 그러나 이 간단한 문장 안에 기술적 정교함과 감정적 윤리가 모두 녹아 있다.

    브랜드는 어디까지 개입해야 하는가? 고객 행동 예측이 단순

한 관찰에 머무르지 않을 때 브랜드는 윤리적 질문 앞에 서게 된다. '우리는 고객이 무엇을 하길 원하게 만드는가?' 예측은 행동을 유도하기 위한 전 단계일 뿐이다. 이제 마케터는 다음 클릭을 유도하고, 재구매 확률을 높이며, 이탈 가능성을 줄이는 '전략적 개입'을 실행한다. 대표적인 유도 전략은 다음과 같다.

리텐션 시그널 강화
- '이 영상을 다 보면 다음 혜택이 기다립니다.' 고객의 이탈 시점을 예측해 해당 순간에 리워드나 콘텐츠를 삽입하는 방식

심리적 페이싱 Pacing
- '지금 당장 결제하면 10분 안에 도착합니다.' 예측된 행동 타이밍에 맞춰 메시지의 압력을 조절하는 전략

감정 맞춤형 리마인더
- '어제 잠깐 둘러보셨던 상품, 오늘은 기분 전환으로 어떠세요?' 감정적 타이밍과 문맥을 결합해 자연스럽게 행동을 유도하는 접근

이런 방식은 기술적으로는 '초개인화'라 부른다. 하지만 본질은 '선택의 인지 구조'를 설계하는 일이다. AI는 질문하지 않는다. 다만 고객이 그 선택을 '스스로 했다고 믿게 만드는' 정교한 연출을 실행할 뿐이다.

AI 예측은 강력하다. 하지만 그 강력함이 종종 '불쾌한 정확성'을 낳기도 한다. '어떻게 내가 이런 걸 좋아할 줄 알았지?' 기분 좋

은 놀라움일 수도 있지만, 때로는 감시받는듯한 불쾌감으로 돌아온다. 브랜드가 마주하는 문제는 정확성이 아니라 감정적 거리다.

아마존은 고객이 주문하지 않았지만 '곧 주문할 것'으로 예측되는 상품을 미리 물류창고에서 출고 준비한다. 그러나 고객 입장에서는 '이걸 내가 원한다고?'라는 질문이 반감을 불러올 수 있다. AI 기반 보험 추천이 건강 상태를 바탕으로 '선택지를 제한'하는 순간, 고객은 데이터에 의해 '규정당했다'는 감정을 느낀다. 이 지점에서 브랜드는 예측을 넘어선 '해석의 위험'을 감수해야 한다.

스탠퍼드대학교의 인간-기계 상호작용 연구자인 리사 펠드만 박사는 "고객이 '선택당했다'고 느끼는 순간, 예측은 브랜드 신뢰의 반대말이 된다. AI는 감정의 흐름이 아닌 확률의 모델이기 때문이다."라고 말한다. 따라서 예측은 '정확하게 맞히는 것'이 아니라 '정확히 알아도 말하지 않을 줄 아는 감각'이 필요하다.

잘 설계된 예측은 감정을 존중한다. 예측 기술이 브랜드 신뢰를 쌓는 데 기여하려면 몇 가지 조건이 필요하다.

자율성의 환상 유지
- 고객이 '내가 결정한 것'이라 느낄 수 있도록 유도는 '조용히' 작동해야 한다.

타이밍의 절제
- 아무리 정교한 예측도 '감정이 준비되지 않은 순간'에 도달하면 거부당한다.

콘텐츠의 감정 연결
- 예측된 추천이 실제 고객의 상황·기분과 일치할 때 감정적 수용이 일어난다. '지금 막 퇴근하셨죠? 지친 하루에 어울리는 향기를 준비했어요.'

콘텍스트의 정밀함
- 단순히 상품이 아니라 그 제안이 '언제, 어떻게, 왜' 나왔는지를 설명할 수 있어야 한다.

사례로 나이키의 맞춤형 피트니스 앱은 사용자의 운동 루틴, 위치, 시간대, 날씨, 음악 선호까지 고려해 '오늘 추천 운동'을 제공한다. 중요한 것은, 고객이 그 제안을 '개입'으로 느끼지 않고 '배려'로 받아들인다는 점이다. 나이키는 예측 기술을 단순한 효율이 아니라 정서적 동반자의 감각으로 설계한 것이다.

결국 AI 기반 예측은 브랜드에게 다음과 같은 질문을 남긴다.

- 고객의 '다음 행동'을 맞히는 것이 중요한가?
- 아니면 고객이 '신뢰할만한 존재'로 브랜드를 기억하는 것이 더 중요한가?

정답은 단순하지 않다. 확실한 것은, 브랜드는 행동을 예측하는 기술보다 그 예측이 만들어내는 감정의 여운을 더 깊이 고민해야 한다는 점이다. 우리는 이제 마케터가 아니라 기억을 설계하는 사람이다. 기억은 언제나 '나를 이해받았다'는 감정의 순간에 남는다.

　이처럼 AI 기반 고객 행동 예측은 단지 기술이 아니다. 그것은 브랜드와 고객 사이의 감정적 거리, 신뢰의 속도 그리고 선택의 자유를 둘러싼 윤리적 프레임이다. 예측을 잘하는 브랜드가 아니라 감정을 존중하는 예측을 하는 브랜드가 살아남는다. 그 브랜드는 결국, 가장 인간적인 브랜드일 것이다.

브랜드 해석,

AI에게 맡겨도 괜찮을까?

데이터, 맥락, 알고리즘을 통한 브랜드 해석

오늘날 브랜드는 수천만 개의 고객 반응, 수억 건의 인터랙션 로그, 수많은 후기와 행동 데이터를 마주하고 있다. 이 모든 것은 단순한 숫자 이상의 의미를 가진다. 고객의 감정 흐름과 해석의 방향이 실시간으로 쌓이고 있다는 뜻이다. 이제 브랜드는 그 팽대膨大한 감정적 흔적을 해석하고 즉각적으로 반응하며 관계를 설계할 수 있는 기술적 동반자—AI와 알고리즘—를 갖게 되었다. 감정 기반 해석이 기술을 통해 자동화되는 시대다.

기존에는 브랜드 전략가나 디자이너, 마케터가 고객 피드백을 수동적으로 분석하고 감성 흐름을 유추했다. 그러나 이제는 알고리즘이 고객의 해석을 실시간으로 탐지하고, AI가 그에 맞는 언어와 경험을 자동 조율하는 시대로 전환되고 있다. 이것은 단순한 기술 진보가 아니다. 브랜드 해석이 시스템화되고, 관계 조율이 프로그래밍되는 새로운 감정 설계 환경의 출현이다.

브랜드가 감정 흐름을 읽을 수 있는 감각은 다음과 같은 알고리즘 구조를 통해 작동한다.

기능	역할	감정 해석 활용
고객 세분화 Segmentation	행동 패턴 기반 군집화	'이탈 직전 고객', '고민하는 고객' 감정 예측
추천 시스템 Recommendation	콘텐츠/제품 매칭	고객이 감정적으로 '원활만한 제안' 우선 노출
감정 분석 Sentiment Analysis	리뷰/댓글/문의어 분석	브랜드에 대한 긍·부정 정서 흐름 자동 추출
콘텍스트 인식 Contextual AI	시간, 장소, 사용 맥락 감지	브랜드 언어의 타이밍·톤 조율 기반 제공

이 구조는 브랜드가 고객의 '말'을 듣기 전에 이미 '감정의 흐름'을 예감하고 준비하는 시스템을 가능하게 만든다.

AI는 단순 반복 업무 자동화가 아니다. 이제 AI는 브랜드가 사용하는 언어, 응답하는 방식, 고객에게 말 거는 시점을 감정 기반으로 설계하고 최적화하는 '정서적 조율자'로 진화하고 있다. AI는 감정 기반 인터랙션을 실시간으로 '조정'한다.

- AI 챗봇이 단순한 정보 응답이 아닌 고객의 질문 속 감정 상

태(예: 불안, 기대, 분노 등)를 인식하고 그에 맞는 말투와 언어 톤으로 응답한다.
- AI 카피 제안기는 브랜드의 감정 어조 가이드라인에 따라 고객의 맥락에 적합한 문장을 자동 생성한다. '지금 결제하시겠어요?'를 '지금이 좋은 타이밍일 수도 있어요. :)' 같은 방식이다.
- 퍼스널 AI 알림 시스템은 고객의 행동 리듬을 학습하여 '필요한 순간에 감정적으로 울리는 알림'을 보낸다. '오늘 많이 움직이셨네요. 수고 많으셨어요.'

해석의 루프는 이제 자동으로 '학습'하고 '응답'한다. 우리가 앞서 제시한 감정 기반 해석 구조(경험→감정→기억→해석→조정)는 AI의 학습 구조와 정확히 맞닿아 있다. AI-인식 브랜드 순환는 다음과 같다.

- 감정 기반 의도를 설계한다.
- 고객의 경험 데이터를 감지Emotion Sensing한다.
- 그에 따라 브랜드 언어와 접점을 조율Experience Modulation한다.
- 고객의 기억과 행동을 추적Memory Tracking한다.
- 이후 그 데이터를 반영해 다음 인터랙션을 감정적으로 재설계Loop Feedback & Re-tuning한다.

이 루프가 지속적이고 자동적으로 작동하는 브랜드는 '기억되는 브랜드'를 넘어 '관계하는 브랜드'로 진화하게 된다.

브랜드 AI의 핵심 조건은 '감정 인식 능력'이다. 아무리 뛰어난 알고리즘이라도 '감정을 감지하고 해석하고 조율하는 능력'이 없다면 브랜드는 고객과 기술적 거리만 줄일 뿐 감정적 거리는 좁히지 못한다. 따라서 브랜드는 AI를 다음에 따라 설계해야 한다.

- 기술 중심이 아니라 의도 중심의 언어 모델을 학습시켜야 한다.
- 브랜드의 철학과 톤이 AI 응답과 콘텐츠 생성에 일관되게 반영되어야 한다.
- 데이터는 고객을 분석하기 위한 것이 아니라 고객을 더 잘 이해하고 공감하기 위한 재료로 활용되어야 한다.

브랜드 해석은 이제 인간의 직관이 아닌 AI와 알고리즘의 인지 능력을 통해 감지되고 조율된다. 알고리즘은 감정의 센서가 되고, AI는 감정 기반 인터랙션을 실시간으로 조율하는 파트너가 된다. AI는 고객의 행동 데이터를 학습하고, 반복적인 맥락에서 해석의 규칙을 학습하며, 점점 더 정교하게 브랜드 경험을 조정하고 있다. 우리는 이것을 '해석의 자동화'라 부른다. 즉, 해석은 더 이상 사용자의 뇌 속에서만 이루어지지 않는다. 플랫폼은 사용자의 시선과 클릭, 멈춤과 스크롤을 통해 브랜드의 의미를 실시간으로 구성하고 조정한다.

틱톡은 그 대표적인 사례다. 틱톡에서 고객은 브랜드의 광고나 메시지를 '의식적으로' 찾기보다 알고리즘이 제시한 영상 속 브랜드 경험을 '감정적으로' 소비한다. 영상이 웃음을 유발하거나, 눈물을 자극하거나, 호기심을 자극하는지에 따라 브랜드는 감정적 레이어를 얻는다. 사용자는 이렇게 형성된 정서적 경험을 통해 브랜드를 해석한다. 틱톡은 브랜드가 말을 하지 않아도 감정이 말을 대신하게 만드는 '해석적 알고리즘'을 운영하고 있는 셈이다. 결국 브랜드는 알고리즘의 선별과 제안 방식 자체를 통해 고객에게 '무엇을 말하는 브랜드인가?'로 정의된다.

아마존 또한 해석의 자동화가 브랜드 감정에 어떻게 연결되는지를 잘 보여주는 사례다. 아마존의 추천 알고리즘은 단지 상품을 보여주는 데 그치지 않고 '이 브랜드는 내 취향을 이해한다'는 감정을 형성한다. 사용자는 추천 결과에 따라 자신이 중요하게 여기는 가치—취향, 가격, 효율, 실용성—가 아마존을 통해 정서적으로 반영되었다고 느끼며, 결과적으로 브랜드 자체를 '나를 이해하는 존재'로 해석하게 된다. 이는 단순한 기술이 아닌 해석의 감정화를 통해 브랜드 정체성을 강화하는 과정이다.

이렇듯 알고리즘은 정보를 전달하는 기능을 넘어 감정의 설계자이자 해석의 구조자가 되어가고 있다. 브랜드가 어떤 콘텐츠를 추천하고 어떤 타이밍에 어떤 언어로 다가오는지를 통해 고객은 브랜드를 다시 정의하게 된다. 그 정의는 브랜드가 아무리 많은 슬로건을 말하더라도 AI 기반의 해석 경험이 만들어낸 '감정적 기억'에 의해 덮이게 된다.

브랜드는 AI-인식 순환을 통해 '해석→응답→기억→진화'의 순환을 자동화할 수 있다. 그러나 핵심은 기술이 아니라 감정을 감지하고 공감하는 브랜드의 철학과 의도다.

실시간 피드백,

브랜드는 어떻게 반응해야 할까?

실시간 데이터 분석 및 브랜드 조정

'브랜드는 더 이상 말한 뒤 기다릴 수 없다. 고객은 지금 응답을 원한다.' 이 문장은 실리콘밸리의 인터랙션 디자인 연구소에서 널리 인용되는 말이다. 이제 브랜드는 일방적으로 메시지를 던지는 존재가 아니라 응답하고, 수용하고, 조정하는 실시간 인터페이스로 진화하고 있다. 디지털 생태계에서 '속도'는 곧 '신뢰'이며, 브랜드의 응답성은 곧 감정의 민감도와 직결된다. 느린 브랜드는 더 이상 느긋한 브랜드가 아니라 둔감한 브랜드로 간주된다.

실시간 데이터Real-time Data는 단순히 '지금 벌어지는 사건'을 가리키는 것이 아니다. 고객의 상태, 행동, 반응, 맥락이 즉시 감지되고 의미화되어 브랜드 행위로 반영되는 과정 전체를 가리킨다. 다시 말해 데이터의 흐름이 브랜드의 태도로 번역될 수 있을 때 비로소 실시간 데이터는 브랜드 전략의 언어가 된다.

예를 들어, 고객이 새벽 2시에 쇼핑몰 앱을 열고 특정 상품을 5분 이상 살펴본 후 결제를 망설인 채 앱을 닫았다고 가정해보겠다. 이 순간이야말로 브랜드가 실시간으로 '무언가를 말해야 할 타이밍'이다. 그렇다면 브랜드는 무엇을 어떻게 반응해야 할까? 이 질문은 기술 이전에 철학의 질문이다. '지금 이 순간, 브랜드는 고객과 어떤 관계를 맺고 있는가?'라는 것이다.

브랜드가 실시간으로 피드백을 수용하고 행동한다는 것은 다음의 세 가지 조건을 포함하고 있다.

- 감지Sensing: 고객의 행동을 단순히 기록하는 것이 아니라 맥락을 이해하고 감정을 해석한다. (예: '반품' 요청의 맥락이 단순 변심인지, 서비스 불만인지 감정 텍스트 분석을 통해 분류한다.)
- 해석Interpretation: 데이터에서 고객의 심리와 니즈를 해석하고, 그것을 의미 있는 단어로 번역한다. (예: 리뷰에 담긴 '무성의함', '불친절' 같은 표현을 긍정/부정 문맥별로 구분하여 정서 스코어를 계산한다.)
- 행동Reaction: 브랜드가 즉시 조정하거나 응답하는 형태로 전환된다. (예: '죄송합니다'가 아니라 '고객님의 경험을 저희도 함께 느꼈습니다. 개선된 서비스를 약속드립니다.'라는 말이 필요하다.)

미국의 온라인 신발 판매 브랜드 자포스Zappos는 '고객 경험은 정서의 지문을 남긴다'는 철학으로 유명하다. 실시간 응답 체계를 통해 고객의 문의 내용뿐 아니라 사용자의 음성 어조와 단어 빈도를 분석하여 상담 태도를 조정하는 감정 조율 알고리즘을 적용했다. 특히 자포스의 AI 기반 감정 인식 시스템이 고객의 톤과 속도에서 감정 상태를 분석해 상담사의 응대 스크립트를 조정할 수 있도록 돕는다. 분노가 감지되면 '사과'가 먼저, 불안이 감지되면 '재확인'이 먼저 가도록 설계된다. 상담사는 데이터를 보고 말투를 조절하고, AI는 추천 응답을 실시간으로 제공하게 된다. 이 모든 과정이 8분 내에 이루어지며, 고객은 '문제를 해결했다'는 사실보다 '이 브랜드가 나를 진심으로 이해하려 했다'는 감정을 기억하게 된다.

에어비앤비는 전 세계 호스트와 게스트 사이에서 신뢰를 실시간으로 구축해야 하는 플랫폼이다. 에어비앤비는 응답 속도 Response Speed를 브랜드 신뢰의 핵심 지표로 설정하고, 이를 실시간 감시하는 AI 피드백 엔진을 운영하고 있다. 예를 들어, 게스트가 숙소 관련 질문을 남긴 경우 호스트가 2시간 이내에 응답하지 않으면 자동화된 웜Warm AI가 중재에 들어간다. 이 AI는 숙소 정보를 기반으로 게스트가 기대하는 사항을 정리해 답변 초안을 제안하며, 동시에 호스트에게 알림을 보낸다. 그 결과, 에어비앤비는 '응답이 빠른 브랜드'로 인식되는 것을 넘어 심리적으로 언제나 곁에 있는 브랜드로 기억된다. 이는 단순한 기술 구현이 아닌 감정적 설계의 결과다.

실시간 피드백은 '데이터'가 아니라 '리듬'이다. 브랜드의 실시간성은 기술적 정밀도보다 '감정의 리듬감'에 가까운 문제다. 언제, 어떤 어조로, 누구에게 응답하는가에 따라 브랜드의 인상은 달라진다. 이때 중요한 것은 '응답의 속도'가 아니라 '반응의 적절성'이다. 정치 커뮤니케이션 전문가 앤서니 포울러Anthony Fowler는 "실시간 피드백이란, 타이밍이 아닌 감정의 물결을 읽는 기술이다. 브랜드는 데이터보다 감정의 타이밍을 먼저 읽어야 한다."라고 말했다. 이 말은 브랜드에게도 유효하다. 실시간 피드백은 단지 자동화를 빠르게 구현하는 문제가 아니라 고객의 감정이 고조되기 전 그 곁에 다가서는 감각을 개발하는 문제다.

다음은 실시간 반응 시스템을 구축할 때 고려해야 할 점에 대해 정리한 사항이다.

- 감정 데이터세트 구축: 고객 행동, 텍스트, 음성, 영상 등 다양한 채널에서 감정 패턴을 축적하고 학습할 수 있어야 한다.
- 피드백 우선순위 설정: 모든 데이터에 반응할 수는 없다. 브랜드 철학과 고객 충성도에 영향을 주는 신호를 먼저 감지해야 한다.
- AI+Human in the loop : 자동화된 응답이 정서적으로 무감각하지 않도록, 일정 부분은 사람의 개입이 설계돼야 한다.
- 에지 컴퓨팅 기반 실시간 분석: 고객 터치포인트 가까이에서 즉시 반응하기 위해 클라우드가 아닌 디바이스 또는 로컬 게이트웨이 기반 분석이 필요하다.

'응답하는 브랜드'가 결국 사랑받는다. 실시간 피드백은 결국 브랜드와 고객이 '함께 살아가는 존재'라는 믿음을 형성하는 과정이다. 브랜드는 이제 말한 뒤 기다리는 존재가 아니라 고객의 리듬과 정서를 실시간으로 호흡하는 동반자가 되어야 한다. 고객이 불만을 제기했을 때 바로 해결하는 것도 중요하지만, 불만이 생기기 전 그 감정을 예측하고 대화의 문을 여는 브랜드만이 다음 시대의 신뢰를 획득할 수 있다. 브랜드는 이제 물건을 파는 존재가 아니라 감정의 생태계를 설계하는 존재가 된다. 그 생태계는 응답하는 브랜드, 공감하는 브랜드, 실시간으로 스스로를 조정하는 브랜드를 통해 완성된다.

AI 에이전트와
브랜드 OS,

브랜드의
미래가
될 수 있을까?

초개인화,

AI 에이전트 구조

'이 브랜드는 나를 알고 있구나.' 이 감정이 단 한 번이라도 고객에게 깊게 각인된다면, 그 브랜드는 단순한 기능 제공자가 아닌 '정서적 존재'로 자리 잡게 된다. 오늘날 우리는 수많은 디지털 접점에서 브랜드를 만난다. 그러나 모든 브랜드가 '나에게 말을 거는 존재'로 기억되지는 않는다. 결국, 브랜드의 미래는 '누구를 향해', '어떤 방식으로', '얼마나 깊이' 반응하는가에 달려 있다. 이 중심에 서 있는 것이 바로 'AI 에이전트'이며, 그것이 구현되는 구조가 '브랜드 OS'다.

　우리는 오랫동안 브랜드를 메시지와 광고로 인식해왔다. 그러나 AI 시대의 브랜드는 더 이상 하나의 고정된 로고나 캠페인에 머물지 않는다. 이제 브랜드는 고객과 상호작용하는 '지능적 존재'이며, '실시간으로 작동하는 시스템'이다. 마치 스마트폰 안의 OS처럼 브랜드는 자신의 철학, 말투, 행동 방식을 프로그래밍하여 매 순간 일관된 방식으로 응답해야 한다. 이런 시스템을 가능하게 하는 것이 바로 '브랜드 OS Operating System'다. 브랜드 OS는 브랜드의 핵심 가치, 말투, 시각 언어, 응대 원칙 등을 모듈화하여 API, 챗봇, 추천 시스템, 인터페이스 등 모든 접점에 적용되도록 설계된 구조다. 이 구조를 통해 브랜드는 AI를 매개로 고객과 '일관된 감정'을 주고받을 수 있게 된다.

브랜드 전략가 마티 뉴마이어는 다음과 같이 말했다.

"브랜드는 더 이상 시각적 자산만으로 설명되지 않는다. 브랜드란 이제 고객의 맥락에 따라 실시간으로 반응하고, 감정을 조율하며, 기억을 설계하는 하나의 시스템이다. 우리는 그 시스템을 '브랜드 OS'라 부른다."

그가 주장하는 바에 따르면, 현대의 브랜드는 단순한 로고나 시각적 아이덴티티 같은 정적인 자산을 넘어선 존재다. 오늘날 브랜드는 고객의 개별적 맥락과 환경에 민감하게 반응하는 다차원적이고 역동적인 시스템으로 작동한다. 이 시스템은 실시간으로 고객과의 상호작용에서 변화하는 감정을 정교하게 감지하고 조율하며, 궁극적으로는 고객의 기억 속에 브랜드 경험을 설계하고 재구성하는 역할을 수행한다.

뉴마이어가 말하는 '브랜드 OS' 개념은 브랜드가 단순히 소비자에게 전달되는 메시지나 이미지의 집합체가 아니라 데이터, 감성, 경험, 커뮤니케이션 그리고 기술적 플랫폼이 유기적으로 통합된 복합체라는 점을 강조한다. 즉, 브랜드 OS는 브랜드가 고객의 실시간 행동과 반응을 모니터링하고 분석하여 개인화된 감정 경험을 제공하며, 브랜드와 고객 간의 지속적이고 정서적인 유대를 형성하도록 설계된 '운영체계'인 셈이다.

이러한 브랜드 OS는 디지털과 오프라인 채널 전반에 걸친 여러 접점에서 브랜드 일관성을 유지하면서도 상황과 시간대, 고객의 현재 심리 상태에 따라 브랜드 메시지와 경험을 적절히 조절하는 높은 적응성을 내포한다. 더 나아가, 브랜드 OS는 고객의 감성 데이터를 활용해 브랜드가 단순히 기억되는 대상이 아니라 감정적 공감과 의미 부여의 '생성 공간'으로 진화하도록 지원한다. 따라서 뉴마이어의 브랜드 OS 개념은 브랜드가 기술과 감성, 경험을 통합해 브랜드 자산을 실시간으로 재구성하고 브랜드 아이덴티티를 동적인 '관계의 생태계'로 확장시키는 현대적 브랜드 전략의 핵심 토대임을 시사한다.

마티 뉴마이어의 '브랜드 OS'는 브랜드가 오늘날 고객과 시장의 복잡한 요구와 감정적 기대를 충족시키기 위해 지속적으로 학습하고 진화하는 유기적 시스템이자 브랜드 경험과 감정, 기억을 실시간으로 설계·관리하는 최첨단 운영 플랫폼임을 의미한다. 이는 단순한 브랜딩의 재정의를 넘어 기술과 인간 중심의 정서적 연결망을 아우르는 통합적 브랜드 혁신 패러다임이라 할 수 있다.

AI 에이전트는 단순한 챗봇이나 음성비서의 차원을 넘어 고객과 브랜드 간 '지속적인 감정 관계'를 만들어가는 디지털 존재다. AI 에이전트는 브랜드의 말투를 학습하고, 고객의 데이터를 기반으로 감정적 반응을 조율하며, 상황에 맞는 콘텐츠를 제안하는 역할을 수행한다. 이를 통해 브랜드는 더 이상 '모두에게 똑같이 말하는 존재'가 아니라 '한 사람에게 감정적으로 다가가는 존재'로 재정의된다.

　예를 들어, 스포티파이는 AI DJ 기능을 통해 사용자의 음악 취향, 시간대, 감정 흐름을 실시간으로 감지하고 음성과 음악을 결합하여 정서적 반응을 이끌어내는 개인화 경험을 제공한다. 이때 AI는 단순히 음악을 추천하는 수준을 넘어 말투, 간격, 어휘 선택에 이르기까지 정교하게 브랜드 감성을 담아낸다. 고객은 자신만을 위한 디지털 DJ를 만났다고 느끼며, 이 감정적 연결이 브랜드 충성도로 이어지게 된다.

　AI 에이전트가 지향하는 궁극의 지점은 '초개인화'다. 이는 단순한 개인화를 넘어 고객의 맥락Context, 감정 상태Emotion, 행동 이력Behavior, 예측 니즈Predictive Intent를 실시간으로 통합하여 정밀하게 반응하는 기술이다. 초개인화의 실제 구현은 다음과 같은 세 가지 조건을 필요로 한다.

- 데이터 통합의 정밀성: 고객의 디지털 발자국(클릭, 구매, 조회, 피드백 등)을 통합하고 연산하는 능력이 필요하다. (예: 지난주 추천한 제품은 아직 결제하지 않았고, 최근 검색 이력에 따르면 현재

는 가전제품에 관심이 있다.)
- 감정 상태에 따른 응답 조율: 감정 기반 응답 조율이 가능한 감정 AI 엔진이 필요하다. (예: 오늘 기분이 다운되셨나요? 위로가 될만한 컬렉션을 준비해봤어요.)
- 실시간 연산과 인터페이스 통합: AI가 실시간으로 판단하고, UI/UX에서 자연스럽게 작동하도록 설계되어야 한다. (예: 모바일 앱 첫 화면의 배경색이 사용자의 시간대와 감정 상태에 따라 다르게 설정된다.)

넷플릭스는 사용자의 시청 이력을 넘어 '정서적 피로도'를 고려한 추천 알고리즘을 실험하고 있다. 예를 들어, 업무가 끝난 시간대에는 자극적인 스릴러 대신 부드러운 로맨틱 코미디를 추천하거나, 다큐멘터리 시청 후에는 감정적 회복을 위한 음악 콘텐츠를 제안한다. 이는 AI가 고객의 삶의 리듬과 감정을 얼마나 민감하게 인지하고 있는지를 보여주는 대표적 사례다.

AI 에이전트가 브랜드의 '디지털 페르소나'라면 그 페르소나가 신뢰를 얻는 방식은 명확하다. 바로 '말투의 일관성'과 '감정의 정합성'이다. 브랜드가 어떤 상황에서도 같은 태도로 말하고 고객의 감정에 진심으로 반응한다는 믿음이 쌓일 때 AI 기반 응답도 '기계적'이 아닌 '정서적'으로 인식된다. 브랜드는 다음과 같은 질문을 스스로 던져야 한다.

- 우리의 AI 에이전트는 브랜드의 감정 언어를 반영하고 있는가?

- 고객의 맥락을 읽고 말투를 상황에 맞게 조정하고 있는가?
- 같은 브랜드가 각기 다른 접점에서 전혀 다른 톤으로 반응하고 있지는 않은가?
- 이 AI는 브랜드의 정체성을 기억하고, 그 철학에 따라 반응하는가?

이 질문은 단지 기술 개발의 지침이 아니라 브랜드 정체성의 철학적 기준이다. AI 에이전트는 브랜드의 기억을 저장하고, 감정을 실시간으로 전달하며, 철학을 행동으로 구현하는 존재다.

궁극적으로 브랜드는 '살아 있는 존재'처럼 반응하고 말하고 감정을 나누어야 한다. 브랜드 OS는 브랜드의 감정 설계와 가치 체계를 구조화하고, AI 에이전트는 그것을 고객의 삶 속에 실시간으로 작동하게 만든다. 이 두 축이 결합될 때 브랜드는 단지 상품이나 서비스가 아니라 관계의 대상이 된다.

MIT 미디어랩의 인간-AI 상호작용 전문가이자 특히 'Advancing Humans with AI(AHA)' 프로그램을 이끄는 패티 매스Pattie Maes 교수는 "AI 에이전트는 단순히 브랜드를 대리하는 존재가 아니라, 브랜드의 기억을 축적하고 감정을 정렬하는 '디지털 인격'이다. 이것은 브랜드가 처음으로 스스로 말하고, 반응하고, 성장하는 존재가 되는 순간이다."라고 말했다.

이제 브랜드는 묻는다. '내가 당신을 이해하고 있다는 것을 이 작은 인터랙션 하나로도 느끼셨나요?' 고객은 응답한다. '그래서 나는 이 브랜드와 계속 이야기하고 싶은 거예요.'

브랜드 전략의 딜레마, AI는 어떻게 풀까?

**데이터 vs 감정,
일관성 vs 유연성, 기술 vs 윤리**

AI 기술이 고도화되면서 브랜드는 이전보다 더 빠르고 정밀하게 움직일 수 있게 되었다. 기술이 열어주는 가능성이 클수록 브랜드가 마주하는 전략적 딜레마의 깊이도 커졌다. AI는 브랜드 전략의 강력한 도구이자 새로운 딜레마의 출발점이다. 기계는 데이터를 통해 더 빠르고 정확한 결정을 내릴 수 있게 한다. 그러나 브랜드는 숫자로만 존재하지 않는다. 기억은 감정으로 남고, 신뢰는 윤리로부터 시작되며, 관계는 일관성과 유연성의 조화 속에서 자란다. AI는 브랜드가 스스로 내던 수많은 전략적 질문들을 다시 묻고 있다.

- 우리는 데이터를 따를 것인가, 감정을 읽을 것인가?
- 우리는 일관성을 고수할 것인가, 유연하게 반응할 것인가?
- 우리는 기술을 앞세울 것인가, 윤리를 따를 것인가?

이제 브랜드는 이 모든 물음에 동시에 답해야 한다.

데이터 vs 감정: 브랜드는 무엇을 먼저 봐야 하는가?

AI 시대의 브랜드는 수많은 데이터를 갖게 되었다. AI는 수백만 건의 행동 로그를 분석하여 '가장 많이 팔리는 조합'과 '최적의 클릭 유도 문장'을 제시할 수 있다. 고객의 구매 이력, 행동 패턴, 클릭 흐름, 심지어 감정 상태까지 실시간으로 파악 가능하다. 문제는, 데이터가 감정을 완전히 대체하지 못한다는 데 있다.

MIT 미디어랩의 감정 컴퓨팅 연구자 로잘린드 피카드 교수는 "우리는 감정을 측정할 수 있는 도구를 점점 더 많이 개발하고 있지만, 감정의 진짜 본질은 여전히 숫자로 환원되지 않는다."라고 말한다. 고객이 '어떤 행동'을 했는지가 아니라 '어떤 감정을 느꼈는지'를 해석하지 못하면 브랜드는 여전히 진정한 관계를 맺지 못한다. 데이터는 과거를 설명한다. 감정은 현재를 연결한다. 브랜드는 이 둘 사이의 다리를 놓는 존재가 되어야 한다.

예를 들어, 한 커피 브랜드는 고객의 재방문 주기를 기반으로 할인 쿠폰을 발송하지만, 그 고객이 최근 부정적 리뷰를 남긴 사실을 무시했다면 그 쿠폰은 기계적 반응으로 읽히고 오히려 반감을 일으킬 수 있다. 감정을 감지하고 배려하는 응답만이 데이터에 온기를 불어넣을 수 있다.

데이터 기반 '정서 분석 레이어' 구축은 다음과 같이 해야 한다.

- 클릭률, 전환율, 이탈률을 단독 지표로 해석하지 말고 고객의 감정 언어와 함께 분석해야 한다.
- 고객의 후기, CS 대화, 커뮤니티 언급 등 비정형 데이터를 감성 분석sentiment analysis으로 통합하여 숫자의 맥락과 감정을 함께 보는 이중구조를 만들어야 한다.
- 데이터는 감정을 대신하지 않는다. 하지만 감정을 감지할 수 있는 언어 신호로 번역되었을 때, 더 정확한 인사이트를 제공한다.

일관성 vs 유연성: 브랜드는 어떻게 반응해야 하는가?

브랜드 전략의 전통적 미덕은 '일관성'이었다. '우리 브랜드는 이런 말투로, 이런 메시지를 전한다'는 명확한 정체성은 수십 년간 브랜드 자산을 지키는 방패가 되었다. 그러나 지금은 실시간 대응의 시대다. 고객은 브랜드가 그 순간, 그 감정, 그 맥락에 맞춰 '나에게 말 걸기'를 원한다. 이때 필요한 것은 단일한 메시지가 아니라 '맥락에 맞는 태도'다. AI는 브랜드의 유연성을 극대화할 수 있는 도구다. 시간대, 위치, 감정 상태, 행동 이력을 고려해 서로 다른 응답을 설계할 수 있다.

예를 들어, 같은 항공사 앱이지만 장거리 비행 후에는 '긴 여정, 수고하셨습니다. 숙소까지 무사히 도착하셨나요?'라고, 단거리 출장 후에는 '업무는 잘 마치셨나요?' 같은 메시지를 전달할 수 있다. 그러나 이 유연성이 지나치면 브랜드가 '변덕스럽고 일관성 없는 존재'로 인식될 수 있다. 문제는, 브랜드의 말투나 정체성이 아니라 그 내면의 가치와 감정이 '일관되게' 유지되는 것에 있다.

브랜드 음성Brand Voice 전략가 마르타 브래디는 "일관성은 말의 반복이 아니라 감정의 지속이다. 브랜드는 모든 메시지 속에서 같은 감정을 심어야 한다."라고 말한다. AI는 유연성을 가능하게 하지만, 그 유연성을 관통하는 '감정의 축'을 잃지 않을 때에만 진정한 전략이 된다.

감정 톤 기반 '가변 일관성'을 설계하기 위해서는, 브랜드의 '말투'는 바뀌지 않되 말의 내용과 길이·타이밍·방식은 고객 감정에 따라 유연하게 변할 수 있어야 한다. 이를 위해 브랜드는 ToV(목소리의 톤)Tone of Voice 가이드라인을 '감정 변조 가능한 레이어'로 프로그래밍해야 한다. 예를 들어, 기본 말투는 항상 배려 중심이다. 하지만 고객이 불편을 호소할 경우 문장 속도를 느리게 하고 사과를 우선한다. 고객이 긍정 반응을 보일 경우에는 활기찬 축하 말투로 전환한다. 이렇게 하면 브랜드는 '다양한 고객 상황에 반응하되' 브랜드다움은 잃지 않는 감정 중심 유연성을 확보할 수 있다.

기술 vs 윤리: 신뢰는 어디에서 오는가?

AI는 브랜드에 전례 없는 기회를 제공한다. 동시에 윤리적 질문을 던지게 한다.

- 우리는 고객의 데이터를 어디까지 사용할 수 있는가?
- 고객이 알지 못한 사이에 조작된 감정은 과연 정당한 마케팅인가?
- AI가 결정한 메시지가 차별이나 왜곡으로 이어질 가능성은 없는가?

"기술은 신뢰를 자동화하지 않는다. 브랜드는 AI를 활용하는 방식을 통해 스스로 신뢰를 설계해야 한다."는 것은 NIA, NSP, 맥킨지McKinsey, OECD, 미국 AI 거버넌스 백서 등 각종 AI 거버넌스 공식 보고서에서 반복적으로 논의되고 있는 관점이다. AI 기반 추천 시스템이 무의식적으로 고객의 소득 수준, 인종, 성별 등을 기반으로 차별화된 제안을 하는 사례는 여전히 많다. 데이터는 현실의 편견을 반영하고, 알고리즘은 그 편견을 증폭시킬 위험이 있다. 브랜드는 기술을 사용할수록 더 강한 윤리적 기준을 적용해야 한다. 예를 들어, 패션 브랜드 파다고니아는 고객 데이터 분석을 철저히 자체적으로 제한하며 "우리는 고객을 '타깃'으로 보지 않는다."는 철학을 일관되게 유지한다. 이런 철학은 브랜드의 신뢰를 오히려 강화한다. 기술이 아닌 윤리가 신뢰의 핵심 자원이 되는 시대다.

브랜드 전략의 딜레마는 단순히 AI 때문에 생긴 것이 아니다. AI는 오히려 브랜드가 그동안 외면해온 질문들을 더욱 선명하게 비추고 있다. 데이터와 감정, 일관성과 유연성, 기술과 윤리는 선택의 문제가 아니라 설계의 문제다. 브랜드는 더 이상 하나의 명확한 답을 내놓을 수 없다. 대신 이 복잡한 균형 속에서 '스스로에게 질문하는 능력'을 갖추는 것이 가장 중요한 전략이 된다. AI는 그 질문을 가능하게 한다. 그러나 진짜 해답은 언제나 사람의 감정 속에 있다.

　AI 시대의 브랜드는 어느 한쪽으로만 기울 수 없다. 데이터를 믿되 감정을 놓치지 않아야 한다. 일관성을 유지하되 상황에 유연하게 반응해야 한다. 기술을 활용하되 윤리의 기준을 분명히 해야 한다. 이것은 선택의 싸움이 아니라 조율의 기술이다. 브랜드 전략가는 그 오케스트라의 지휘자가 되어야 한다.

　'AI는 브랜드를 대신할 수 없다. 그러나 브랜드가 스스로를 이해하는 방식을 바꾸어놓는다.'

브랜드와 고객의 관계, AI 시대는 어떻게 진화할까?

AI가 만드는

지속 가능한 브랜드 관계

오늘날 브랜드는 한 번의 인상으로는 기억되지 않는다. 고객은 점점 더 깊은 감정 연결, 공감의 반복 그리고 일관된 정서 흐름을 바탕으로 브랜드를 '함께 살아가는 존재'로 받아들인다. 즉, 브랜드가 진짜 전략적 자산이 되기 위해서는 고객과의 감정적 접점을 단발적 경험에서 지속적 관계로 전환시켜야 한다.

    브랜드의 본질은 언제나 관계였다. 이 관계의 양상은 시대에 따라 끊임없이 변해왔다. 오프라인 매장과 광고로 형성된 일방적 관계에서 디지털을 거쳐 인터랙션 기반의 쌍방향 관계로 확장된 지금, 우리는 다시 한 번 중요한 전환점을 맞이하고 있다. 바로 AI가 브랜드와 고객 사이에 새로운 형태의 연결 구조를 설계하고 있다는 사실이다.

AI는 이제 브랜드의 단순한 도구가 아니라 관계를 설계하고 유지하는 능동적인 행위자가 되고 있다. 고객은 브랜드의 말투, 반응 속도, 기억력, 추천의 정교함 속에서 감정적 유대감을 형성한다. 그 모든 접점 뒤에는 점점 더 정교해지는 AI 시스템이 작동하고 있다. 이제 질문은 바뀌어야 한다. '브랜드는 고객과 어떤 관계를 맺을 것인가?'에서 'AI는 이 관계를 어떻게 지속 가능하게 만들 수 있는가?'로.

관계의 진화, AI는 단기 반응이 아닌 장기 신뢰를 설계할 수 있는가? 고객과 브랜드 사이의 관계가 지속 가능하려면 단기 만족을 넘어 장기 신뢰가 뿌리내려야 한다. 과거에는 이를 감성 마케팅이나 충성도 프로그램으로 유지해왔지만, AI 시대의 고객은 훨씬 더 복잡하고 민감한 기준으로 브랜드를 평가한다.

- 이 브랜드는 나를 기억하는가?
- 나의 맥락을 이해하고 적절하게 반응하는가?
- 말과 행동이 일치하는가?
- 데이터는 존중받고 있는가?

AI는 고객의 행동 이력, 선호, 피드백, 클릭, 대화, 위치 정보까지 실시간으로 수집하고 학습할 수 있다. 그러나 이 기술적 능력이 곧바로 신뢰로 연결되는 것은 아니다. 관계는 데이터의 정교함이 아니라 감정의 일관성 속에서 자란다.

MIT 미디어랩의 인간 동역학Human Dynamics 연구를 주도하고 있는 샌디 펜틀랜드Sandy Pentland 교수는 "AI는 정보를 이해할 수 있지만, 신뢰를 구축하려면 관계의 리듬을 이해해야 한다. 진짜 신뢰는 반복, 일관성 그리고 예측 가능성에서 나온다."라고 말한다. AI 기반의 고객 관계 설계도 마찬가지다. 데이터 기반의 정확성과 기술 기반의 효율성 위에 예측 가능한 정서적 응답, 반복되는 감정적 경험, 일관된 말투와 태도가 더해질 때 비로소 신뢰가 형성된다. AI가 '기억하는 기계'를 넘어서 '배려하는 존재'로 느껴질 때, 브랜드는 고객에게 '지속 가능한 관계 대상'이 된다.

오늘날의 고객은 매 순간 수십 개의 알림을 받고, 수많은 브랜드의 메시지에 노출된다. 모든 브랜드가 연결을 시도하지만, 그중 진짜로 기억에 남는 브랜드는 단 하나다. 왜일까? '좋은 연결'은 더 많이 말하는 것이 아니라, 정확히 말하는 것이다. AI는 이 지점을 근본적으로 변화시킬 수 있다.

- 하루의 컨디션에 따라 이조를 조절하는 AI
- 기분이 우울한 날에는 말수가 줄어드는 챗봇
- 메시지를 보내지 않는 '휴식 알고리즘'을 탑재한 브랜드 앱

이러한 사례는 고객의 주의를 차지하려 하기보다 고객의 리듬에 맞춰 숨을 쉬는 브랜드의 가능성을 보여준다. 고객은 연결이 과잉된 시대에 자신을 '존중하는 침묵'을 기억한다.

HBR 칼럼니스트이자 데이터 기반 커뮤니케이션 전문가인 레베카 웰스턴Rebecca Welston은 "AI는 고객의 데이터를 분석해 메시지를 보낼 수 있지만, 진짜 관계를 만드는 브랜드는 '지금은 말하지 않는 것'을 선택할 줄 안다."라고 말한다. 이처럼 AI는 연결의 효율성을 넘어 침묵과 배려의 전략까지 설계할 수 있는 단계에 이르렀다. AI가 고객의 일상 리듬에 맞춰 브랜드의 존재를 조절할 수 있다면, 브랜드는 더 이상 방해가 아니라 정서적 공간의 동반자가 될 수 있다.

지속 가능한 브랜드 관계는 단지 기능적 지속 가능성이 아니라 정서적 지속 가능성을 내포한다. 브랜드는 시간이 지날수록 고객의 삶에 자연스럽게 녹아들어야 한다. 이를 위해 필요한 것은 AI가 '단기적으로 무엇을 추천했는가?'가 아니라 '장기적으로 무엇을 기억하고 어떻게 반응했는가?'이다.

- 아플 때 응원해준 브랜드
- 퇴사한 날 축하해준 앱
- 새벽 2시에 외로움을 느낄 때 대화해준 챗봇

이러한 순간이 반복될 때 고객은 브랜드와의 관계를 기억의 축적물로 인식하게 된다. AI는 이처럼 감정적 반복과 정서적 일관성을 학습할 수 있다. 그러나 그 방향성과 기준은 브랜드의 철학과 전략에 의해 명확히 설정되어야 한다. 유네스코 AI 윤리 가이드라인은 "AI는 윤리적으로 중립적이지 않다. 브랜드의 철학이 주어져야만 알고리즘은 관계의 방향을 정할 수 있다."라고 강조한다. 즉, 브랜드는 기술을 도입하기 이전에 자신이 어떤 존재로 기억되고 싶은지를 명확히 해야 한다. 지속 가능한 관계는 기술이 만드는 것이 아니라, 기술을 통해 구현되는 정체성의 선택이다.

지속 가능한 브랜드 관계란, 기술의 유효 기간을 넘어서 고객의 기억 속에 신뢰와 감정으로 살아남는 관계를 말한다. 이 관계는 다음 세 가지 조건을 충족할 때 형성된다.

감정적 동조 Affective Synchrony
- 고객의 기분, 상황, 감정 흐름에 따라 브랜드가 조용히 감정을 맞추고 함께 리듬을 타는 상태다. 예를 들어, 피곤한 퇴근길에 브랜드가 밝고 유쾌한 톤이 아닌 조용하고 배려 깊은 응원을 건넨다면 고객은 '이 브랜드는 나를 안다'는 신뢰를 갖게 된다.

관계의 리듬 Consistent yet Adaptive Cadence
- 브랜드가 매번 같은 목소리를 내되 고객의 상황에 따라 속도와 어조, 주제를 조율하는 능력이다. 너무 자주 말 걸면 피곤하고, 너무 멀어지면 잊힌다. 관계의 리듬은 균형의 예술이다.

존재감의 연속성 Perceived Presence
- 브랜드는 오프라인 매장에서도, 앱 안에서도, 알림에서도 '같은 감정', '같은 태도'로 이어져야 한다. 이 감정적 연속성이 곧 고객에게 '이 브랜드는 항상 여기에 있다'는 심리적 존재감

을 남긴다.

AI는 감정을 느끼지 못한다. 그러나 브랜드는 감정을 '느끼는 듯하게' 만들 수 있는 표현 방식을 설계할 수 있다. 이는 곧 AI가 브랜드의 감정을 '전달'하는 존재로 기능할 수 있다는 뜻이다.

- 고객이 실망했을 때, 공감 어린 응답을 하는 챗봇
- 고객이 행복한 순간, 축하 메시지를 보내는 알고리즘
- 고객의 구매 이력을 기억하고, 감정적 연결을 강화하는 인터페이스

이러한 감정의 설계는 단지 이모티콘이나 말투의 문제가 아니다. 브랜드가 어떤 존재로 느껴지는가에 대한 총체적 경험이다. 따라서 AI는 브랜드의 감정을 감지하고 표현하는 디지털 페르소나로 진화하고 있다. 이러한 페르소나는 단순한 자동화 기술이 아니라, 브랜드 철학과 전략이 녹아든 정서적 인터페이스다.

이 책의 첫 장에서 우리는 브랜드를 '감정의 기억'이라 정의했다. 지금, AI의 시대를 지나 마주하는 마지막 질문은 이렇다.

'기술이 모든 것을 자동화한 이후에도 브랜드는 감정을 남길 수 있는가?'

답은 단순하다. 감정을 남기는 브랜드만이 기억되고, 선택되고, 살아남는다. 지속 가능한 브랜드 관계란 이런 브랜드다.

- 고객이 필요할 때만이 아니라 원할 때 나타나는 브랜드
- 고객이 기계로 느끼지 않는 챗봇
- 고객의 인생을 배경으로 남는 브랜드

　우리는 이제 브랜드가 말하고, 듣고, 기억하고, 반응하는 시대에 살고 있다. AI는 이 모든 과정을 정교하게 자동화할 수 있지만, 브랜드의 정체성과 철학 그리고 감정의 윤리는 여전히 인간의 선택과 해석의 영역에 있다. 따라서 질문은 단 하나로 귀결된다. 'AI가 만든 이 시대에, 우리는 어떤 브랜드로 기억되고 싶은가?' 이 물음에 답할 수 있는 브랜드만이 기술의 시대를 넘어 감정의 시대를 살아갈 수 있다. 그 답은 언제나 기술이 아니라 사람의 마음속에 있다.

브랜드 경험의 확장:
도시로 이어지는 감정

　브랜드가 감정을 설계하듯 도시도 감정을 말한다. 브랜드가 기억을 남기듯 도시도 기억을 남긴다. 사람들은 도시를 선택하는 것이 아니라 자신을 이해해주는 도시와 관계를 맺는다. 이러한 흐름은 도시가 단지 물리적 공간이 아니라 브랜드처럼 말하고, 느끼고, 해석되는 존재로 진화하고 있다는 점을 보여준다. 그 말은 로고나 캠페인이 아닌 건축의 결, 장소의 서사 그리고 경험의 온도로 구성된다.

신안군, 1004개의 섬은 어떻게 감정을 말하는가?

'섬은 도시보다 더 작고 더 조용하지만 그만큼 감정이 선명하게 남는다.' 신안군이 추진하는 '1004섬 프로젝트'는 이 말의 설득력을 증명하고 있다. 전라남도 신안군은 1004개의 섬을 하나의 문화 브랜딩 플랫폼으로 보고, 신안군의 '1섬 1뮤지엄' 프로젝트는 약 십여 년 전부터 시작되어 현재까지 지속적으로 추진되고 있다. 이 프로젝트는 각 섬에 고유한 박물관이나 미술관을 조성하여 섬의 정체성과 감정을 예술로 표현하고자 하는 장기적인 계획이다. 현재까지 30개의 미술관 중 20곳이 완공되었으며, 7곳은 추진 중이고, 3곳은 계획 단계에 있다. 이러한 프로젝트를 통해 신안군은 섬마다 고유한 감정과 이야기를 담아내며, 도시 전체를 감정의 언어로 말하는 브랜드로 재탄생시키고 있다. 이는 '도시도 브랜드처럼 말한다'는 메시지를 가장 선명하게 증명하는 국내 사례라 할 수 있다.

신안군이 이 프로젝트를 통해 말하고자 한 것은 '우리는 수많은 섬을 보유한 지역이 아니라 1004개의 감정적 장소를 가진 곳'이라는 메시지다. 과거에 섬은 고립과 낙후의 상징이었다. 하지만 지금 신안군은 그 섬 하나하나에 '고요함', '빛', '무한', '경계', '사유' 같은 감정 어휘를 예술로 새겨 넣고 있다. 그 감정을 표현하는 수단은 세계 정상급 아티스트들의 작업으로 이루어지고 있다.

이 프로젝트에는 제임스 터렐James Turrell, 안토니 곰리Antony Gormley, 올라퍼 엘리아슨Olafur Eliasson, 마리오 보타Mario Botta, 박은

신안군 천사대교

야나기 유키노리의 '플로팅 뮤지엄' 조감도

선, 야나기 유키노리Yanagi Yukinori 등 전 세계에서 가장 영향력 있는 현대미술가들이 참여하고 있다.

영국의 조각가 안토니 곰리는 비금도에 '엘리멘탈Elemental'을 조성 중이다. 소금을 모티프로 한 작품은 아시아 최대 규모로, 비금도 해변에 설치될 예정이다. 덴마크 출신의 설치미술가 올라퍼 엘리아슨은 도초도에 '숨결의 지구'라는 작품을 설치했다. 이 작품은 도초도의 독특한 지형에서 받은 영감을 바탕으로 자연과 예술의 조화를 표현한다. 일본의 설치미술가 야나기 유키노리는 안좌도에 7개의 큐브로 이루어진 '플로팅 뮤지엄'을 조성하고 있다.

이 수상 미술관은 김환기 화백의 생가 인근에 위치하며, 물 위에 떠 있는 독특한 구조로 주목받고 있다. 그 외에도 빛의 마술사'로 불리는 미국의 설치미술가 제임스 터렐은 노대도에 자신의 대표작 7점을 재구성한 뮤지엄을 조성하고 있다. 터렐은 "신안의 아름다운 섬들에 반했다."며 자신의 빛 작품과 잘 부합된다고 평가했다. 이 프로젝트는 단순히 '예술을 전시하는 공간'을 넘어서 섬 그 자체가 작품이 되는 감정의 장소화를 지향하고 있다.

많은 이들이 이 프로젝트를 일본 세토우치 지역의 '나오시마 섬'과 비교한다. 나오시마는 안도 타다오Ando Tadao의 미술관 건축, 쿠사마 야요이의 설치작, 이우환의 여백 철학을 통해 예술과 자연, 지역이 어우러진 대표적 예술 섬으로 자리 잡았다. 하지만 신안군은 나오시마의 단일 중심 섬 모델을 넘어 1004개에 달하는 '다중 서사의 공간 클러스터'를 감정 단위로 브랜딩하려 한다는 점에서 스케일과 서사 구조 모두에서 훨씬 야심에 찬 시도로 보인다.

이 프로젝트의 본질은, 섬의 고유한 결을 기술로 소비시키는 것이 아니다. 각 섬의 정체성과 감정을 기억 가능한 언어로 설계하고, 그 안에서 사람과 장소가 감정적으로 연결될 수 있도록 만드는 것이다. 여기서 말하는 감정은 단순한 감성 자극이 아닌 것이다. '빛과 고요함에 머무르는 시간', '수평선 너머로 이어지는 사유', '사라지지 않는 색과 공간의 인상' 같은, 장소가 기억되는 방식 자체를 설계하는 감정 언어의 체계다.

도시도, 섬도, 브랜드도 결국은 '어떻게 기억되는가?', '무엇을 말했는가?'가 아니라 '어떤 감정으로 나와 연결되었는가?'에 의해 존재 가치가 결정된다. 신안군의 이 시도는 브랜드 감정 설계 이론이 공간과 장소, 도시와 공동체의 차원까지 확장될 수 있음을 보여주는 사례다. 이 거대한 실험은 결국, 대한민국의 섬들이 세계를 향해 '감정의 언어로 말하는 장소'가 되기를 꿈꾸는 과정이기도 하다.

대구: 전통과 현대가 공존하는 감정의 도시

대구는 예로부터 예술적 감수성이 깊은 도시였다. 전통 한문학이 융성하던 시절부터 문인과 서예가, 화가들이 활발히 활동했다. 이러한 감성 기반의 문화 자산은 오늘날까지 도시의 정체성과 브랜드 가치를 구성하는 핵심 기반이 되고 있다.

근대에 접어들며 대구는 특히 시각예술과 음악 분야에서 두

대구 간송미술관

드러진 지역성을 확보해왔다. 현대에 이르러 이러한 문화적 전통은 대구간송미술관, 대구미술관, 대구오페라하우스와 같은 인프라로 구체화되며, 대구를 감정이 흐르는 도시, 브랜드로서의 도시로 재정의하고 있다.

2024년 9월에 개관한 대구간송미술관은 간송 전형필 선생의 문화보국 정신을 계승하며 대구를 고미술과 전통문화의 중심지로 끌어올리고 있다. 개관전 '여세동보與世同寶'에서는 국보 및 보물 40건 97점을 전시했고, 약 22만 4000명이 방문했다. 특히 그중 42%가 타 지역에서 대구를 찾은 관람객으로, 문화 콘텐츠가 도시 방문의 목적이 되는 흐름을 보여주었다.

대구미술관은 국내외 현대미술 작가들을 소개하는 기획전과 지역 작가 발굴 프로젝트를 통해 대구가 동시대 시각문화의 허브로 성장하는 데 기여하고 있다. 최근에는 대구간송미술관과의 연계 패스권('대구뮤지엄패스')을 도입해 문화 관광객의 도시 체류 시간을 늘리는 전략적 시도도 이어지고 있다.

2003년 개관한 대구오페라하우스는 대한민국 유일의 전용 오페라극장으로, 매년 열리는 대구국제오페라축제를 통해 아시아 클래식 음악의 중심축으로 자리 잡고 있다. 오페라하우스는 단순히 공연장 이상의 공간으로, 도심 속 감정적 여유와 품격 있는 브랜드 경험을 제공한다. 이처럼 시각예술뿐 아니라 음악을 통한 감정 설계 또한 대구 도시 브랜드의 중요한 축을 담당하고 있다.

도시는 사람의 감정을 담는 그릇이다. 그 감정을 오롯이 기록하고 표현해온 이들이 바로 예술가다. 대구는 오랜 시간 '예술의 도시'로 불려왔다. 그 중심에는 도시의 정서를 고스란히 화폭과 악보, 시어와 무대 위에 옮긴 예술가들이 있다.

화가 이인성은 대구를 대표하는 근대 화가로, 일상적인 도시 풍경과 인물의 감정을 따뜻하고도 섬세한 붓 터치로 담아냈다. 그의 그림은 대구라는 도시가 품고 있는 정서적 결을 시각적으로 구현한 감정의 기록이며, 현재 대구미술관에서도 주요 소장 작가로 예우받고 있다. 서양화가 김병기는 유럽 유학 이후 색채 중심의 독창적인 표현 세계를 개척하며, 한국 근대미술의 한 축을 담당한 인물이다. 그의 그림 속에는 대구의 밝은 빛과 정제된 내면이 동시에 깃들어 있다. 또 다른 서양화가 서동진은 대구 모더니즘 미술의 초석을 다진 작가로, 대구현대미술제의 정신적 기반을 만든 인물이기도 하다. 대구의 예술이 단지 보존이 아니라 실험과 진화의 전선이었다는 사실은 그를 통해 확인된다. 작곡가 백병동은 전통국악의 정서를 현대음악의 언어로 해석해낸 실험적 작곡가였다. 그의 음악은 대구의 뿌리 깊은 민족정신과 예술적 진보성이 교차한 감정의 공간이었다.

이외에도 대구는 수많은 감정의 언어를 품은 예술인을 품어왔다. 시인 이상화, 이육사, 이장희, 백기만은 대구의 시대적 아픔과 희망을 시어로 꾹꾹 눌러 담았다. 그들의 시에는 도시의 풍경보다 도시의 정서가 더 깊게 흐른다. 음악가 박태준, 현제명은 한국 근대 음악사의 선구자로, 대구의 정서가 어떻게 선율이 되었는지를 보여주는 인물이다. 연극 배우 홍해성, 미술가 이상정,

박명조, 이여성, 이쾌대 등도 모두 대구를 감정의 터전 삼아 자신의 예술 세계를 펼쳐온 인물들이다. 이들은 모두 대구라는 도시가 말하고자 했던 감정, 그 도시가 품은 세계관 그리고 도시민의 기억과 정체성을 예술이라는 언어로 풀어낸 해석자들이었다. 대구가 '예술의 도시'로서 정체성을 지속해올 수 있었던 이유는, 바로 이 감정의 번역자들이 존재했기 때문이다.

도시도 브랜드가 되어야 한다면 '그 도시는 무엇을 말하고 있는가?' 이전에 '누가 그 도시의 감정을 먼저 말해왔는?'를 돌아보아야 한다. 대구는 이미 오랫동안 그 감정을 말하는 사람들을 예술이라는 방식으로 키워온 도시였다.

대구는 단지 전시를 열고 공연을 올리는 도시가 아니다. 이 도시는 예술이라는 감정의 언어를 통해 '나는 무엇을 소중히 여기는가? 나는 누구를 위한 도시인가?'를 말하고 있다. 감정은 결국 브랜드의 기억을 결정한다. 대구가 지금 선택하고 있는 문화 예술 중심 전략은 단기적 흥행을 넘어서 '브랜드로서의 도시가 감정을 어떻게 설계하는가?'에 대한 강력한 해답이 되고 있다.

칠곡: 건축과 일상이 감정으로 기억되는 도시

우리는 흔히 도시 브랜딩을 거대한 개발 계획이나 인프라 중심으로 생각한다. 그러나 진정한 도시 브랜드는 작은 장소에서 느껴지는 감정 그리고 그 감정이 기억으로 남는 방식에서 시작된다. 경상북도 칠곡군은 이러한 감정 기반 도시 브랜딩의 모범적인 사례로, 조용하지만 강렬하게 자신의 정체성을 말하고 있는 도시

시호재

다. 칠곡은 소박한 일상과 고요한 풍경 속에서 건축과 공간, 음식과 종교가 함께 감정의 구조를 설계하고 있는 곳이다. 바로 이 점에서 칠곡은 하나의 브랜드처럼 '자신의 감정을 말할 줄 아는 도시'로 이해될 수 있다.

칠곡군 망정리에 위치한 시호재時弧齋는 '시간을 향해 쏘는 활'이라는 이름처럼 공간이 시간과 감정을 향해 서서히 확장되는 장소다. 건축가 유이화가 설계한 이 복합문화 공간은 지하 1층과 지상 2층, 세 동의 건물이 마치 활처럼 휘어지며 연결된 구조를 갖추고 있다. 이 곡선 구조는 인근 팔공산의 부드러운 산세와 절묘하게 호흡하며, 건축이 자연을 닮는 방식으로 감정을 전달한다.

건물 사이의 넓은 마당과 정원은 실내와 외부의 경계를 흐리게 만들고, 방문객들은 걷고 멈추고 앉는 동선 자체가 사색의 리듬이 되도록 유도된다. 시호재의 중심 공간인 카페 시차時差는 건축주의 예술 컬렉션을 전시하는 갤러리이자 다양한 문화 프로그램이 열리는 장소다. 이곳에서는 미술 전시뿐만 아니라 음악회, 북토크, 플리마켓 등 다양한 행사가 지역민과 외부 방문객 모두에게 정서적 경험을 제공하고 있다. 시호재는 단순한 카페나 전시장이 아니다. 그 자체가 감정 설계의 결과이며, 방문객의 기억 속에 '그 도시, 좋았어'라는 인상으로 남는 브랜드 경험의 총체라 할 수 있다.

칠곡에는 오래된 한옥의 구조미를 보존하면서 현대적인 감각으로 재해석한 작은 한옥마을도 존재한다. 여기서의 전통은 박물관 속 과거가 아니라 지금도 살아 있는 감정 구조다. 한옥의 목재 향기, 마당을 가로지르는 바람, 처마 밑 그늘 아래 앉아 차 한 잔 마시는 순간들이 '조용히 머무는 감정'을 공간 안에 축적시킨다. 흥미로운 것은, 이 전통적 풍경 속에 현대적인 라이프스타일의 감각도 조화롭게 존재한다는 점이다. SNS에서 입소문이 난 칠곡의 수제버거집 ㅁㅁㅎㅅ는, 칠곡이라는 지역적 배경 위에 '도심이 아닌 로컬에서 누리는 미식 경험'이라는 새로운 감정 자극을 만들어낸다. 이곳의 버거는 맛뿐 아니라 햇살 좋은 오후 테라스에 앉아 경북의 풍경을 바라보며 느끼는 시간 그 자체로 기억에 남는다. 결국, 음식은 이 도시의 감정을 전달하는 또 하나의 언어가 된다.

칠곡이라는 도시는 빠르지 않다. 그 안에는 서두르지 않고 감정을 쌓아온 공간들이 존재한다. 그중에서도 성베네딕도회 왜관 수도원은 도시가 간직한 가장 고요한 감정의 중심이다. 이곳은 단순한 종교시설이 아니라 시간이 축적되고 감정이 응결된 장소다. 왜관 수도원은 분단과 전쟁의 시대를 통과한 기억의 공간이다. 1952년 북한 덕원에서 피란 온 수도자들이 칠곡에 정착하며 재건한 이곳은 이후 교육, 출판, 예술, 복지에 이르기까지 지역사회와의 깊은 감정 교류를 실천해온 장소다. 출판사, 공방, 예배당, 피정센터 등 각각의 시설은 수도회의 철학인 '기도와 노동 Ora et Labora'을 담고 있으며, 이 철학은 공간의 형태와 분위기 속에 조용히 녹아 있다.

특히 최근 완공된 피정센터는 건축가 승효상 선생의 작업을 통해 더욱 깊은 울림을 지니게 되었다. 승효상 선생은 "건축은 삶을 담는 그릇이며, 침묵의 질서를 구현하는 공간이어야 한다."라고 말해왔다. 그의 작업은 단지 구조물을 짓는 데 그치지 않고, 건축이 감정과 윤리를 담는 방식이어야 함을 제안한다. 왜관 피정센터는 이러한 철학이 구현된 공간이다. 그곳은 자연과 격렬하게 부딪히기보다는 부드럽게 접히며, 외부 세계와 내면세계의 경계를 흐릿하게 만든다. 침묵 속에서 비로소 말을 거는 공간, 바로 승효상 건축의 본질이다. 예배당에서 울리는 종소리, 붉은 벽돌 담장을 따라 흐르는 햇살, 오래된 나무의 그림자가 깃든 회랑은 방문객의 감정을 천천히 가라앉게 한다. 건축은 말하지 않지만, 감정을 환기시킨다. 그 감정은 단지 방문자의 것이 아니라 공간이 오랫동안 품어온 기억의 레이어이기도 하다.

　이처럼 성베네딕도회 왜관 수도원은 기능으로 기억되는 공간이 아니다. 사람들은 그곳에서 무엇을 했는지보다 어떤 감정을 느꼈는지로 기억한다. 도시도 마찬가지다. 도시는 그 안에서 겪었던 감정 그리고 그 감정이 공간과 맞닿아 있었던 방식으로 기억된다. 왜관 수도원은 그 감정을 가장 조용하게, 그러나 가장 깊이 전달하는 장소다. 그것은 도시가 사람과 어떻게 감정으로 관계 맺을 수 있는지를 보여주는 '브랜드도시의 공간'이며, 브랜드가 기술이 아니라 철학과 리듬으로 말할 수 있음을 증명하는 공간이다. 건축가 승효상이 강조했듯, 진정한 공간은 침묵 속에서 말을 건다. 브랜드 또한 마찬가지다. 말하는 브랜드가 살아남는 것이 아니라 감정을 설계하고 조율할 줄 아는 브랜드가 기억에 남는다. 침묵의 미학, 느림의 감정 그리고 축적된 시간이 말하는 방식. 그것이 바로 AI 시대, 브랜드가 배워야 할 공간의 언어다.

칠곡은 스스로를 과하게 알리려 하지 않는다. 대신에 자신만의 속도와 밀도로 공간이 감정을 설계하도록 내어준다. 시호재의 건축, 한옥의 여백, 햄버거 한 입의 일상, 오래된 성당의 종소리…. 이 모든 것이 하나의 조용한 서사를 이룬다. 이 서사는 도시가 브랜드처럼 감정을 말할 수 있음을, 또한 그 감정이 '기억'이라는 형태로 각인될 수 있음을 보여준다. 칠곡은 크지 않지만 깊은 도시다. 그것은 도시 브랜딩의 본질이 결국 크기보다 감정, 정보보다 인상, 기술보다 기억에 있다는 사실을 다시금 상기시켜준다.

울릉도: 체험은 존재를 증명하는 브랜드의 언어

최근 울릉도는 '자연 그대로의 고립'이라는 전통적 인식에서 벗어나 럭셔리 풀빌라, 프리미엄 부티크 호텔, 고가 숙박 체험 등을 통해 새로운 감정적 서사를 하며 '그곳에서 머문 경험 자체가 나의 정체성이 된다'는 감정적 가치를 전달하는 곳으로 떠오르고 있다. 이 변화의 중심에는 코스모스 울릉도, 빌라 쏘메Villa Sommet, 스테이Stay 너와 등 세 개의 독보적인 공간이 존재한다.

'힐링스테이 코스모스'에서 리브랜딩된 코스모스 울릉도는 건축가 김찬중이 설계한 감성 건축으로 주목받고 있다. 이 리조트는 단순히 숙소가 아니라 음양오행 철학을 기반으로 설계된 감정적 체류 공간이다. 건물의 구조, 조경, 조명, 인테리어까지도 인간의 심신 균형을 고려하여 정교하게 디자인되어 있으며, 개별 고객의 체질과 기분에 맞춘 맞춤형 힐링 서비스를 제공한다. 숙

스테이 너와 객실

스테이 너와 객실 전경

스테이 너와 외부

스테이 너와 카페

박 요금은 일부 풀패키지 기준으로 2박에 2000만 원에 달하기도 하며, 여기에는 개인 트랜스포트, 프라이빗 식사, 자연 치유 프로그램 등 감정 기반의 프리미엄 서비스가 모두 포함된다.

빌라 쏘메는 코스모스 울릉도 리조트의 자매 브랜드이자, 감성 큐레이션을 극대화한 독립형 숙소다. 총 10개의 독채 빌라가 있으며, 각기 다른 테마(설, 운, 향, 순 등)를 바탕으로 음악, 조명, 목재 향, 창문 밖의 자연 프레임까지 디테일하게 설계되어 있다. 특히 '설' 객실은 LP로 구성된 사운드라이브 공간으로, 투숙객은 자신만의 플레이리스트로 감정을 설계할 수 있다. 여기서의 가격은 공간의 물리적 크기가 아닌 정서적 큐레이션의 밀도로 결정되며, 그 자체가 '소비하는 경험이 아닌 살아보는 감정'으로 브랜드화되고 있다.

스테이 너와는 울릉도 북면 고지대에 위치한 감성 독채 숙소다. 독채형 풀빌라, 투명 돔, 히노끼탕, 사우나, 테라스형 전망 구조 등 각 숙소가 하나의 콘셉트를 가지고 있으며 '도심을 떠나 나를 마주하는 감정적 공간'이라는 메시지를 지닌 프리미엄 공간이다. 특히, 투명 돔 객실은 침대에 누운 채 별을 볼 수 있는 구조로 '디지털을 끈 후 경험하는 감성'이 주요 감정 포인트로 설계되어 있다. 이곳의 가격 역시 고가이지만, 단순한 숙박료가 아니라 시간의 고립, 시선의 해방, 일상의 멈춤을 감정 단위로 제공하는 브랜드 경험으로 해석해야 한다.

울릉도의 비싼 숙박비는 단지 가격 때문이 아니라 그 가격이 만들어내는 '나만의 고립된 시간', '접근이 어렵기에 더욱 가치 있는 체험'이라는 감정 구조로 이어지고 있다. 이는 단순한 관광이 아닌 프라이버시, 절제된 시간, 몰입 같은 감정이 상품이 되는 새로운 경험 경제의 구조다.

도시는 언제 브랜드가 되는가? 단순히 잘 알려졌다고 브랜드가 되는 것이 아니다. 사람들이 그 도시에 어떤 감정으로 머물렀는가, 그 감정이 이후에도 기억 속에 어떤 방식으로 작동하는가에 달려 있다. 울릉도는 지금 '섬에서의 단절'이 아니라 '섬에서의 감정적 연결'을 브랜딩할 수 있는 기회를 마주하고 있다. 자연과 거리를 두고 일상에서 멀어진다는 물리적 거리감은 AI 시대의 초연결성 속에서 오히려 희소한 감정의 리듬이 될 수 있다. 이는 AI가 설계할 수 없는 인간 중심의 브랜드 전략이기도 하다.

울릉도의 체험이 브랜드가 되기 위해서는 단절이 아닌 몰입을 말할 줄 알아야 한다. 고요함이 기능이 되려면 그 고요함 속에서 어떤 감정을 기억하게 되는지가 브랜드 전략의 핵심이 된다.

- 풀빌라의 프라이버시는 단지 공간이 아니라 관계로부터의 섬이라는 감정
- 높은 숙박비는 단지 소비가 아니라 나 자신에게 주는 정서적 대접
- 멀고 불편한 이동은 단점이 아니라 여행이 여행다울 수 있는 감정의 배경

울릉도는 이처럼 '기억 가능한 고립'을 설계하는 브랜드가 되

어야 한다.

AI가 모든 것을 연결하고, 모든 것을 예측하는 시대에 브랜드가 살아남기 위해 필요한 것은 더욱 인간적인 감정 그리고 그 감정을 말하는 언어의 방식이다. 울릉도는 지금 AI와는 반대되는 방향, 즉 예측할 수 없는 감정, 인터넷보다 더 느린 자연의 속도, 알고리즘이 아닌 손의 감각으로 만든 경험을 가지고 있다. 따라서 울릉도가 브랜드가 되기 위해서는 이 속도를 자신만의 말하기 방식으로 정제해야 한다.

- 우리는 빠르게 도착할 수 없습니다. 하지만 천천히 당신을 받아들입니다.
- 우리는 스마트하지 않습니다. 하지만 그만큼 당신의 시간을 진심으로 대접합니다.
- 당신이 연결되지 않는 동안, 당신 자신과 연결되기를 바랍니다.

이처럼 AI가 대신할 수 없는 말, 기술이 가질 수 없는 감정, 데이터가 남기지 못하는 기억을 중심으로 울릉도는 브랜드의 언어를 세워야 한다.

신안군이 '1004개의 섬'으로 감정의 분산 설계를 시도하고, 대구가 미술관과 오페라하우스로 브랜드의 예술 언어를 만들며, 칠곡이 조용한 건축과 소박한 풍경으로 '깊이 머무는 감정'을 기억하게 하는 것처럼 울릉도 역시 감정을 브랜드화할 수 있는 잠

재력을 갖고 있다. 울릉도는 'AI 시대에 더욱 필요한 인간의 감정'을 설계하는 실험장이 될 수 있다. 그 실험은 결국 브랜드가 말하는 방식, 즉 '감정의 언어로 말하는 도시'로 울릉도를 진화시킬 것이다.

참고 문헌

단행본

Aaker, D. A. (1996). Building strong brands.

Kahneman, Daniel. (2011). Thinking, fast and slow. New York: Farrar, Straus and Giroux.

Neumeier, M. (2005). The brand gap: How to bridge the distance between business strategy and design. Berkeley, CA: New Riders.

Norman, D. A. (2004). Emotional design: Why we love (or hate) everyday things. New York: Basic Books.

Norman, D. A. (2013). The design of everyday things (Revised and expanded ed.). New York: Basic Books.

Picard, R. W. (1997). Affective computing. Cambridge, MA: MIT Press.

Pine, B. J., & Gilmore, J. H. (1999). The experience economy: Work is theatre & every business a stage. Boston: Harvard Business School Press.

Schmitt, B. H. (1999). Experiential marketing: How to get customers to sense, feel, think, act, and relate to your company and brands.

Schmitt, B. H. (2010). "Customer Experience Management"

Solis, B. (2015). X: The experience when business meets design. Hoboken, NJ: Wiley.

Zaltman, G. (2003). How customers think: Essential insights into the mind of the market. Boston: Harvard Business School Press.

학술 논문 및 연구보고서

Awe, S. C. (2006). The Starbucks experience: 5 principles for turning ordinary into extraordinary

Choihyunhee. (2025). Luxury Brand Restructuring Strategies: A Comparative

Analysis of GUCCI and Louis Vuitton

Henderson, R., & Van den Steen, E. (2015). Why do firms have "purpose"? The firm's role as a carrier of identity and reputation. American Economic Review, 105(5), 326-330.

McKinsey & Company. (2023). The new science of customer emotions. Retrieved from https://www.mckinsey.com/business-functions/growth-marketing-and-sales/our-insights/the-new-science-of-customer-emotions

Nissenbaum, H. (2004). Privacy as contextual integrity. Washington Law Review, 79(1), 119-157.

Tucker, C. (2019). Digital advertising: A more complete picture. MIT Sloan Management Review, 60(3), 1-9.

관련 자료

Gartner. (2022). Top strategic technology trends for 2022: AI and brand personalization. Gartner Insights.

IBM Research. (2021). Empathy in AI: Measuring and designing human-centric AI experiences. IBM Empathy Index Whitepaper.

McKinsey & Company. (2022). Global AI adoption index.

National Information Society Agency (NIA). (2021). AI 윤리기준 백서.

National Strategy for AI (NSP). (2020). 대한민국 인공지능 국가전략. Ministry of Science and ICT.

OECD. (2021). Recommendation of the Council on Artificial Intelligence. OECD Legal Instruments.

기타 자료

Kate Crawford. (2021). Atlas of AI: Power, politics, and the planetary costs of artificial intelligence. Yale University Press.

Magids, S., Zorfas, A., & Leemon, D. (2015). The new science of customer emotions. Harvard Business Review.

MIT Media Lab. (n.d.). Emotion AI research group publications. https://www.media.mit.edu/groups/affective-computing/overview/

Seth Godin. (n.d.). Blog, Talks, and Published Works. Retrieved from https://www.sethgodin.com

주석

1) Aaker, Building Strong Brands, 1996
2) How Customers Think, 2003
3) Digital Advertising: A More Complete Picture, 2019
4) Thinking, Fast and Slow, 2011
5) The New Science of Customer Emotions, 2023
6) The Brand Gap, 2005
7) Gerald Zaltman, How Customers Think, 2003

브랜딩 위드 AI
BRANDING with AI
AI 시대, 브랜드가 살아남는 법에 관한 질문들

© 최현희, 2025

펴낸날   1판 1쇄 2025년 9월 30일

지은이   최현희
펴낸이   윤미경

펴낸곳   (주)헤이북스
출판등록   제2014-000031호
주소   경기도 성남시 분당구 황새울로 234, 607호
전화   031-603-6166
팩스   031-624-4284
이메일   heybooksblog@naver.com

책임편집   김영회
디자인   류지혜
찍은곳   한영문화사

ISBN   979-11-88366-94-1   03320

이 책은 저작권법에 따라 보호받는 저작물이므로 무단 전재와 복제를 금합니다.
이 책의 일부 또는 전부를 이용하려면 저작권자와 헤이북스의 동의를 받아야 합니다.
책값은 뒤표지에 적혀 있습니다. 잘못된 책은 구입하신 곳에서 바꾸어 드립니다.